刑法学への

INVITATION TO THE SCIENCE OF CRIMINAL LAW

誘い

［全訂新版］

松村 格 著
MATSUMURA ITARU

八千代出版

はしがき

　本書は、当初、大学で初めて法律学を学び始めた学生諸君を対象にして、刑法学の全体像をスケッチ風に紹介しようと試みたものです。対象は、法律学科の学生ばかりではなく、他学部の学生をも含めて、まだ刑法学に接したことがまったくない1年生ばかりを相手にして、およそ10回ばかりの講義で刑法学を概観する試みでした。もちろん、刑事政策や刑事訴訟法といった隣接科目のみならず、民法のような他分野の法についての学問との関連も念頭におきながらお話ししなければなりませんから、至難の業でしたけれども、とにかくぶっつけ本番のようにしてお話ししたことをそのつどノートに整理しておきましたので、それに加筆・訂正をして原稿にしてみたわけです。そして、大学の学生諸君のみならず、一般の人びとをも含めて、初めて刑法学に接してみようという気持ちの方々にいささかでも刑法学に対する関心を深めていただければと思いながら書物にしました。

　幸い、本書を授業で使用し始めて以来、「刑法に興味をもった」とか、「刑法が理解しやすくなった」という学生諸君の声が耳に入りました。その意味では、本書の効果が多少ともあったのだと思います。刑法は、生命や自由を奪う厳しい刑罰をもっていますから、刑法学は、当然にほかの法律学よりもいっそう論理を重んじる学問なのです。しかし、それが逆に刑法学がむずかしい学問であるような錯覚を起こさせているのかもしれません。ですから、まずその錯覚や誤解を取り払うことが、本書

の役目だといえましょう。

　本書の初版が発行されましたのが、1989年3月でしたから、それから8年も経過してしまったわけです。昨年絶版になったことを機会に、憲法学や民法学への誘いの書物を加えて『誘いシリーズ』として新たな企画で出発をしたいから内容を増やしてほしいという要請を出版社からされましたので、従来の内容を若干加筆・修正し、さらに具体的な問題をいくつかとりあげてお話しすることにしました。従来、大学の2年生・3年生に開講されていました「刑法総論」と「刑法各論」が、このところ1年生・2年生の科目になってきました。法学概論すら学び終えていない1年生に「刑法総論」をいきなり講義することには困難がありますし、学生諸君も当惑すると思います。その点、本書を入門書として利用することは意義があると思います。

　世の中には、大家の手による多くのすぐれた刑法学入門書があります。本書がそれらに匹敵する価値があるかどうかは別として、刑法学に初めて接しようとする人びとの妙な先入観を取り去り、行く先を明るくすることができれば、本書の役割は果たされたことになるわけですから、要は、読者のみなさんが本書によって刑法学を好きになってくださればよいのです。

　「誘い」の書ですから、学説の説明は、いわゆる通説といいまして支配的な見解と裁判例を中心にしました。もちろん、自然科学と違いまして、刑法学も社会科学ですから、絶対的に正しいただひとつの見解というものはありません。権利や自由といった法で保護する利益を擁護するためには、どの考え方が「より妥当な」見解であるかということだけです。読者自身の価値観や世界観に合う見解は、本書による刑法学の概観を終え

てから、より詳細な学問書で見つけてください。

　なお、本書にも少しばかり特徴を出しました。ひとつには、システム理論という方法論を基礎に据えたことです。ほんのわずかですが、そうした考え方の口述を織り交ぜました。この考え方については、「中休みの余話」で簡単にお話ししますので、関心のある方は読んでみてください。ただし、刑法学だけを先に理解したい場合は、目を通さなくてもかまいません。2つには、読みやすいように口述形式で書いたことです。裸づき合いのようなざっくばらんな気持ちで読んでもらいたいからです。本書が、読者のみなさんのよき友達であってほしいと思っています。

　　　1997年4月　　　　　　　　　　　松　村　　格

新訂にあたって

　本書が『誘いシリーズ』の一環として再出発してから、早くも満5年が経過しました。その間、国内外の諸事情は、かなり変化がありました。犯罪現象も、全体数は別として、少年犯罪の一部凶悪化、汚職犯罪の増加、組織犯罪や環境犯罪の顕在化、児童虐待や夫婦間暴力の顕著化などの変化がありました。

　これらの事象に対応するようにして、死刑・懲役・禁錮に当たる少年犯罪を原則検察官送致とすることにした「少年法」の改正、「公職にある者等のあっせん行為による利得等の処罰に関する法律」、「犯罪捜査のための通信傍受に関する法律」、「犯罪被害者等の保護を図るための刑事手続に付随する措置に関する法律」の制定と関連法の改正、「児童虐待の防止等に関する法律」と「児童買春、児童ポルノに係る行為等の処罰及び児童の保護等に関する法律」の制定と「児童福祉法」の改正、「ストーカー行為等の規制等に関する法律」、「組織的な犯罪の処罰及び犯罪収益の規制等に関する法律」、「不正アクセス行為の禁止等に関する法律」、「配偶者からの暴力の防止及び被害者の保護に関する法律」(いわゆる「ドメスティック・バイオレンス〔DV〕法」)の制定等がありました。その他、「ヒトに関するクローン技術等の規制に関する法律」の制定もありました。そして政府は、組織的犯罪処罰法を改正して組織犯罪の共謀者を処罰する共謀罪の創設を考えており、その是非が激しく問われています。他方、刑法典においても、「危険運転致死傷罪」(208条の2)の新設とそれに伴う211条2項の「刑の免除」規定の新設、「支払

用カード電磁的記録に関する罪」(第18章の2・163条の2から163条の5) の新設措置がありました。

このような変化のなか、2002年夏に本書の在庫が尽き、増刷するよりも、書き直すには絶好のタイミングでもあると考えました。特に、犯罪のグローバル化とボーダレス化という現象に鑑みますと、システム理論ないし組織論の必要性が増大してきましたので、本書の特色であり、私の刑法学方法論であります「システム理論」を、もう少し強調してみてもよいのではないかと思いました。共謀罪の創設計画の是非を考えますと、システム理論を無視できないと思われるからです。

さらに、本書を入門書として講義に使用してきた経験上、本書の講話の順序を幾分入れ替え、もう少し専門性を加味した方が読者の理解に資すると思ってきました。本書出版以降、「誘いシリーズ」という八千代出版の企画が進み、各法分野の「誘い書」が刊行され始めましたが、それらを垣間見ますと、入門書でありながらも、かなり基本書としての専門性が盛り込まれていますので、本書にあっても、本質的には入門書の性格を維持しながらも、もう少し専門的な話をプラスして、全体として新しい書物にしようと考えました。

2003年3月　　　　　　　　　　　　　松村　格

全訂版にあたって

　かねてから、前版（新訂版）の第13話以降が内容的には『誘い』の書物には相応しくないような煩雑な内容なので、書き換えるべきと思いながら、多忙な日々を理由に実現しないままに今日に至ってしまいました。

　そこで、思い切って前版の第12話を削除し、前版の第13話以降を第12話から第14話までとして新しく刑法各論方式で書き換えることにしました。それに合わせて、第1話から第11話の記述方法も、内容は概ね変えないままにして、新しい第12話以降の記述方法と同じような方法で、段落ごとに内容をまとめて番号を記入して読みやすく書き改めました。さらに、全話をとおして刑法の改正点や新しい判例も追加しましたので、その意味では、全面的な改訂と言えますし、本格的な刑法学の入門書になったかと思います。

　ただし、第12話以降は、刑法各論に相当する部分ですが、『誘い』書ですから、基本的には拙著『日本刑法各論教科書』を簡略化した形式にし、さらに、個人的法益の罪、社会的法益の罪、国家的法益の罪というようなオーソドックスな順序で解説する方法を採らずに、一般市民の感覚に合わせて、日常生活に身近な犯罪社会生活上迷惑な犯罪、国家の法益を害する犯罪に大きく分類し、住居侵入罪、性的犯罪のみならず、放火罪、公務執行妨害罪、賄賂罪のような日常生活上で身近な犯罪は、個人的法益に対する犯罪と一緒に「日常生活に身近な犯罪」として論ずることにしました。

こうして、本書は、第 11 話までを含めて全般的に市民感覚的な目線で読み進めることができますし、本書を通読すれば、刑法学の全体像を曲がりながらも理解できるようにしました。もっとも、第 1 話から第 11 話までと第 12 話から第 14 話までとでは、話の進め方が幾分異なりますので、若干の違和感があるかもしれませんが、本書は、通説と判例を中心にして説明してありますから、刑法を初めて学ぶ大学生諸君のためのみならず、刑法に関心のある一般社会人の方々、特に、いずれ裁判員制度の裁判員に選ばれるであろう方たちが刑法の基本的理解を修得するためにも最適の書物だと思います。その意味では、刑法学への誘い書としては絶好の書であると考えています。

　ただ、刑法総論と刑法各論を合わせた入門書となりましたので、頁数がかなり膨大になりましたために、八千代出版の『誘い』シリーズの各書のサイズと同サイズでは 1 冊として収めきることができなくなり、本書に限ってしかたなく A5 サイズにさせていただきました。

　なお、本書の全面的な改訂につきましては、細かい点の確認作業に当たりまして、八千代出版編集部の深浦美代子女史に多大な援助をいただき完成することができました。ここに、深浦美代子女史に心から感謝申し上げますとともに、本書の全面改訂に理解と協力をしていただきました八千代出版社長の大野俊郎氏に心から御礼申し上げます。

2012 年春　　　　　　　　　　　　　　　松　村　　格

全訂新版にあたって

　平成29(2017)年6月に性的犯罪に関する条文が大はばに改正され、同年7月1日に施行されました。このような刑法改正に対して、本書の改訂をする必要に迫られていましたが多忙に追われて実現できませんでした。ようやく改訂作業に入ることになりましたが、改訂に当たり、この際に本書の初心の精神に戻りまして、各条文の解釈の是非について論じる刑法各論は、世にある各種の名著に譲ることにし、総則部分（刑法総論）の説明だけに戻ることにしました。しかも、刑法総論の詳細な説明もまた専門の名著に譲ることにしました。そして、誰にでも理解できるような身近な事例を通じてお話しすることによって、楽しみながら刑法学に興味を持っていただき、徐々に刑法の本質へと誘うことにしました。その意味では、大学生の初年度生にこだわらず、さらにジュニア世代から社会人世代まで今まで刑法学の世界に足を踏み入れたことのないすべての方々が「なるほど」と関心を抱きながら一緒に読んで話し合っていただければ幸いだと思っています。そのためにも、初版本よりも更に平易にお話しすることに努めました。なお、今回もまた、編集と出版にあたりまして、八千代出版(株)の御堂真志様のご協力と、社長の森口恵美子様のご理解をいただきましたことに、心より感謝を申し上げます。

　　2020年7月　　　　　　　　　　　　　松　村　　格

目　　　次

はしがき　*i*

新訂にあたって　*iv*

全訂版にあたって　*vi*

全訂新版にあたって　*viii*

略記一覧　*xiii*

第1話　誘いへの道 ……………………………………… *1*

　1. 話の道筋　*1*

　2. 「どろぼう」物語　*3*

　3. 「者＝人」の話　*20*

第2話　刑法とは何か ……………………………………*25*

　1. 刑法の意義　*25*

　2. 法と法律　*27*

　3. 刑法典の構造　*31*

　4. 刑法の使命　*33*

第3話　犯罪の成立と種類 ………………………………*41*

　1. 概　　要　*41*

　2. 主観的要素　*43*

　3. 客観的要素　*46*

　4. 犯罪の種類　*47*

　5. 故意と過失の狭間　*51*

6.　予想外のできごと(錯誤)　　*54*

7.　不作為犯とは何なの？　　*57*

第4話　原因と結果の関係　……………………………………………*63*

1.　因果関係とは　　*63*

2.　因果関係の確定　　*64*

3.　相当因果関係説　　*66*

第5話　犯罪は違法な行為です　…………………………………*69*

1.　「違法」と「不法」　　*69*

2.　許される違法性はあるのか？　　*73*

3.　正　当　行　為　　*75*

4.　正　当　防　衛　　*76*

5.　緊　急　避　難　　*81*

6.　同意(承諾)と違法性　　*85*

第6話　犯罪には有責性が必要です　………………………*91*

1.　刑事責任とは？　　*91*

2.　もうひとつの錯誤(違法性の錯誤)　　*99*

3.　解っていても規範を犯す人　　*104*

第7話　可罰的未遂と不可罰的未遂　…………………… *107*

1.　犯罪成立の時系列　　*107*

2.　もうひとつの未遂(不可罰的未遂)　　*110*

第8話　行為者の横の関係 ················· 113

1. 共 犯 と は　113

2. 任意的共犯の種類　114

3. 正犯と共犯の関係　116

4. 正犯のあれこれ　117

5. 共犯あれこれ　123

6. 共犯と錯誤　125

7. 共犯と身分　129

第9話　罪数の問題 ····················· 135

1. 罪数について　135

2. 本来的1罪　138

3. 科刑上1罪　140

4. 併　合　罪　142

第10話　刑罰と保安処分 ················· 145

1. 刑罰について　145

2. 保 安 処 分　157

第11話　ひとやすみの余話（システム思考について） ········· 161

1. この話をする理由　161

2. すべてがシステム　162

3. システムの分化　165

4. システムと周界　166

5. システムの性格　168

6. 自 己 訂 正　170

7. 消極的フィードバックと積極的フィードバック　　*172*

8. 開放システムと閉鎖システム　　*173*

9. エントロピーについて　　*175*

参考文献　　*179*

事項索引　　*185*

略 記 一 覧

大判大正 4・5・21 刑録 21・663 →大正 4 年 5 月 21 日大審院判決
                                    大審院刑事判決録 21 輯 663 頁

最判昭和 26・7・13 刑集 5・8・1437 →昭和 26 年 7 月 13 日最高裁判所判決
                                    最高裁判所刑事判決集 5 巻 8 号 1437 頁

大判	→大審院判決
最大判	→最高裁判所大法廷判決
最判（決）	→最高裁判所判決（決定）
高判（決）	→高等裁判所判決（決定）
地判	→地方裁判所判決
刑録	→大審院刑事判決録
民録	→大審院民事判決録
刑集	→最高裁判所（大審院）刑事判例集
裁判集刑	→最高裁判所裁判集刑事
高刑集	→高等裁判所刑事判例集
下刑集	→下級裁判所刑事判例集
東高時報	→東京高等裁判所刑事判決時報
刑月	→刑事裁判月報
判特	→高等裁判所刑事判決特報
判時	→判例時報
判タ	→判例タイムズ

第1話　誘いへの道

1. 話の道筋

　(1) 刑法という言葉を耳にしますと、みなさんは、すぐに新聞やテレビで報道される醜い犯罪を思い浮かべて、刑法は恐ろしい法律のように考えている方が多いと思います。確かに、犯罪を行った人に対しては厳しい刑罰という制裁を規定した法律ですから、そのように感じるのかもしれません。しかし刑法は、そのような犯罪者から国民のみなさんの生活利益を保護している法律でもあるのです。

　(2) これからお話ししますように、刑法という法律がない時代には国の支配者が自分勝手に都合の悪い人々を処罰するようなことがありましたが、民主的な方法で制定された刑法という法律のおかげで、そのようなことはなくなり、刑法に規定されている行為以外のことならば何をしても自由ですよと言って国民のみなさんの自由領域を保障しているのです。

　(3) ですから、刑法は、厳しさと優しさの両方を持っているわけです。そうであればこそ、なおさら刑法の条文に書かれている要件を、基本的人権に反しないように解釈しなければならないのです。それが刑法を理解する上での重要問題なのです。

大学の法学部では、そのような問題を専門的に論じ学習するわけですが、別に大学に行かなくても、刑法の世界を常識として知っておくことは国民としては必要だと思うのです。

（4）そこで、読者のみなさんの誰にも、刑法の世界を解りやすくお話しすることにしました。まずは日常的な出来事を話題にしながら、刑法に関心を深めていただき、徐々に少しずつ専門的な言葉に慣れていただき、何となく刑法が解ったようになっていただければ幸いだと思っています。

（5）これからお話ししますが、刑法とは「**犯罪と刑罰に関する法律**」だとされていますので、犯罪と刑罰を規定している法律はすべて刑法でして、みなさんご存知の**刑法典**（これを**普通刑法**と言います）のほかに各種の「特別刑法」があります。例えば、「軽犯罪法」、「航空機の強取等の処罰に関する法律」、「組織的な犯罪の処罰及び犯罪収益の規則等に関する法律」、「人の健康に係る公害犯罪の処罰に関する法律」、「自動車の運転により人を死傷させる行為等の処罰に関する法律」、「臓器の移植に関する法律」、「覚せい剤取締法」、「麻薬及び向精神薬取締法」、「ストーカー行為等の規制等に関する法律」など挙げたらきりがありません。

（6）これらの特別刑法は、その時代時代の要請に従って規制上必要視されて制定されたものですが、しかし、これらの特別刑法も、すべて普通刑法の刑法典の第9条に規定する刑罰名を規定していますし、適用に関しましては刑法典が基準となりますので、本書では刑法典に絞って説明をすることにしまして、特別刑法について解説することはしません。

（7）更に詳しくお話ししますと、刑法典は、①犯罪の成立要

件と刑罰に関わる条文と、②各種の犯罪の類型を規定する条文から構成されていて、前者①を「刑法総則」、後者②を「刑法各則」と言います。本書では、**刑法総則**を中心にお話しすることにして、刑法各則の条文の説明すなわち刑法各論は、必要に応じて題材にすることにしました。

(8) 刑法の概要を知るにはそれで充分だと思います。大学の法学部の講義においても、刑法総則については「刑法総論」という講座名の授業で、刑法各則については「刑法各論」という講義名の授業で学ぶことができますし、特別刑法については特別な名称の講義で勉強します。そして、「刑法総論」は、どの大学でも必修科目となっており、刑法各論は選択（必修）科目で、特別刑法は任意の選択科目となっています。

(9) もっとも、刑法総則の犯罪の成立要件につきましても、各自の世界観（例えば、基本的人権重視か、社会的利益重視か）により各種の見解（これを**学説**と称します）が対立していますので、そのうちどれが妥当と思うかという論理的な思考が必要となります。そこで、市民社会で日常的に問題になっている具体的な事例の問題点を事前に知ることが、刑法を身近なものとして理解する助けになると思いますので、本書では刑法各論の典型的な犯罪の事例を題材にして、その問題点を具体的に解りやすくお話ししながら、刑法総論の世界に誘うことにしました。

2. 「どろぼう」物語

2-1. 「どろぼう」と「窃盗」

(1) 読者のみなさんが、もし自分の持ち物を誰かに奪われた

ら、「どろぼう」と叫びますよね。つまり、誰かが他人（ひと）の物を黙って（無断で）奪うことを「どろぼう」と言うわけです。黙って奪うということは、「こっそりと」すなわち「ひそかに」盗（ぬす）むということです。「ひそかに」という漢字は難しいので俗字で書きますと「窃」と書きます。この「窃」という漢字の意味は、「人の知らない間に」という意味です。つまり「どろぼう」とは、「知らない間に、他人の物を盗む」すなわち「取る」ことです。このことを漢字で「**窃盗**」と書きます。つまり「どろぼう」は「窃盗」を意味します。

　(2)　日本の刑法典の第235条には、「**窃盗罪**」という表題で、「他人の財物を窃取した者は、窃盗の罪とし、10年以下の懲役又は50万円以下の罰金に処する。」と書いてあります。つまり、この条文は、「どろぼう」は犯罪として処罰しますよと言っているわけです。正確に言いますと、「懲役」は「懲役刑」、「罰金」は「罰金刑」という刑罰の種類でして、「処する」とは、その刑罰を「科す」という意味です。「**懲役刑**」は、犯罪者を刑務所という刑事施設に収容して労役を課する刑罰で、労役を課さない刑罰を「**禁錮刑**」として区別していますが（刑法典12条・13条）、現在、両方の区別をなくして一本化し「拘禁刑」のような名称にすることが検討されています。なお、有期の懲役・禁錮は1月以上20年以下の刑事施設拘置です（同12条・13条）。

　(3)　「どろぼう」は、他人の物をひそかに盗ることですから、自分の物を盗っても「どろぼう」にはなりません。ですから、「物」には「**他人性**」が必要なのです。また、「物」は通常は時計とか宝石のように形のある物のことですから、形のないものを盗むと「どろぼう」にならないのかが問題になります。また、

刑法典には「財物」と書いてありますから、財産的価値のない物を盗っても「どろぼう」にはならないのかが問題になります。

（4）そして、「どろぼう」は黙って（ひそかに）盗むことですから、他人の許可を得て盗れば「どろぼう」にはなりません。これを法律の世界では、**「同意」**ないし**「承諾」**の問題として扱います。ただし、「同意」があれば、どんなことをしても法律的には許されるのかといいますと、そうとは限りません。「どろぼう」の場合には許されますが、許されない場合がほとんどです。

（5）例えば、刑法典第202条には、「人をその嘱託を受け若しくはその承諾を得て殺した者」でも、「6月以上7年以下」の刑罰を科すとされています。人の生命は、同意があっても奪うことは許されないという趣旨なのです。この点については後で詳しくお話しします。もっとも、窃盗罪の刑法典第235条には、書かれてはいない「同意なしに」という不文の条件があるとされていますが、「窃」は「ひそかに」「人の知らない間に」という意味ですから、「同意なしに」と書いてあるに等しいと言えるでしょう。

2-2. 「他人の」物とは？

（1）では、**「他人性」**とは何なのでしょうか。A君が手に持っていたスマートフォンをD君が黙って盗れば、これは確実に「どろぼう」ですよね。このようにA君が現実に身につけている物を盗れば、A君という他人が所持している物を盗ったことが明白ですから、一目瞭然にD君は「どろぼう」です。B子さんが手に持っているハンドバッグをD君が盗る場合も、D君は

「どろぼう」をしたことが明らかです。

　(2)　それでは、A君が公園のベンチにスマホを置き忘れて、150mほど歩いた時点で、それをD君が盗ってしまい、ハッと気がついたA君が急いでベンチに戻ったら、無くなっていたとしましょう。この場合、D君は「どろぼう」をしたと言えるでしょうか？ 実は、この場合、このスマホにA君の排他的な(誰も手出しをすることができない)支配力が及んでいたかどうかが決め手なのです。

　(3)　例えば、A君がスマホをベンチに置き忘れて10kmも離れてしまい、5時間以上も経過していた場合ですと、A君の持ち物かどうか全く判らない落とし物に等しい状態になります。そうすると、D君にとってスマホは、落とし物つまり遺失物に近いわけですから、D君は「どろぼう」にならないことになります。つまり、A君がすぐにでも取り戻せるような時間的経過と距離的な隔たり具合が問題になってきます。A君の排他的な支配力が及ぶ物なのか及ばない物なのかが決め手なのです。

　(4)　もちろん、この場合でも、D君が無罪になるわけではありません。遺失物(落とし物)でも、A君の持ち物だという認定ができなくなっているだけで、D君の持ち物でないことに変わりはないのですから、D君の行為は法律的に許されません。この場合のスマホは、A君の占有が及んでいない、つまり、A君の持ち物だということが判明できない物になってしまっているだけなのです。こうした遺失物のことを、専門用語で「**占有離脱物**」と言います。

　(5)　そして、刑法典第254条では、このような自分のものではないにも拘わらずA君の占有を離れた物を自分の物にしたD

君の態度を、**遺失物横領罪**という罪名で処罰することにしています。D君は「どろぼう」ではありませんが、法律的に許されない行為をした人として、「1年以下の懲役又は10万円以下の罰金若しくは科料に処する」ことにされます。**罰金**は1万円以上の金額で（刑法典15条）、**科料**は1000円以上1万円未満の金額（刑法典17条）を納めなければならないことになっています。

　(6)　したがって問題は、A君がスマホを遺失物とは思われないほどの時間経過と距離の隔たった場所に置き忘れた物を、D君が自分の物にした場合です。その場合には、場所の形態とかいろいろな状況を具体的に考慮して、まだA君の支配力が及んでいるかどうかを判断して、A君の持ち物と認めてよいかどうかを決定します。もちろん、このような客観的な事情のみならず、D君が自分の物にするという意欲的な主観的な要件（犯罪意思つまり故意）が必要です。

　(7)　裁判所の判決の積み重ねを「**判例**」と称しますが、A君の持ち物かどうかが問題になるような判例を垣間見てみましょう。判別しやすい事例から見ますと、①A君が1ヶ月ほど留守にした家のなかの物をD君が盗めば当然に「どろぼう」だということは解りますね。

　(8)　次に、②A君の飼っている猫がどこかに行ってしまい、これをD君が自分の物にしました。この場合、猫は飼い主のもとに戻る習性がありますので、猫はA君の物に変わりなくD君は窃盗罪とされます。犬や伝書鳩の場合も同じです。③A君が車を駐車場に置いてレストランで食事をしている間にD君が車からカメラを盗んだとします。その場合も、まだA君の支配力がカメラに及んでいると認められ、D君は「どろぼ

う」とされます。④A君がカメラを置き忘れて、時間的に5分、距離的に20m経過した場合でも、カメラはA君の物とされました。

(9) ⑤A君が意識的にバス待合所にカバンを置いたままで200m先の食堂に50分ほど居ても、カバンはA君の物とされました。⑥電車の網棚に短時間置き忘れた物もA君の物です。⑦A君が火災の際に家具類を家から離れた安全な場所に運び出したとしましょう。しかし、火災がおさまれば直ぐにA君は家具類を現実に手にすることができますから、家具類はA君の支配範囲から離れたわけではありません。したがって、この家具をD君が盗っていけば「どろぼう」です。世間で「**火事場どろぼう**」と言われるケースです。

2-3. 他人の「物」とは？

(1) D君は、緊急連絡をしたいのにスマートフォンのバッテリーが空になり、困りました。近所にコンビニもありません。丁度見知らぬマンションの玄関に電源ソケット口があるのを見つけ、バッテリーの充電をしました。電気は形がありません。**有体物**（有形物）ではありません。果たしてD君は「どろぼう」でしょうか。読者のみなさんはどう思いますか？

(2) 実は、D君は「どろぼう」をしたことになるのです。形もないのに何故どろぼうなのでしょうか。日本の民法典には、条文で「この法律において『**物**』とは有体物をいう」(85条)と規定されていますので、この規定をD君の場合に当てはめると、電気は有体物すなわち有形物ではないのでD君は「どろぼう」ではないことになります。

（3）ところが、刑法典には、このような条文規定がありません。明治時代に、当時の電気は高価で貴重なエネルギーだったので、他人の電気を盗用する事件が日本でもドイツでも発生しました。ドイツでは、電気は有形物ではないとして、電気盗用は「どろぼう」ではないと判決しました。この考え方を「**有体性説**」と言います。ところが日本では、電気は五感の作用によって存在を確認できる上に、一定の容器に蓄積して持ち運びができるし（可動性）、管理ができる（管理可能性）ので「物」であるとして、窃盗罪に当たると判決されたのです（大判明治36・5・21刑録9・874）。この考え方を「**管理可能性説**」と言います。

　（4）しかし、さすがにこのような解釈は行き過ぎではないかという批判が出ました。後述しますが、条文に規定も存在しないのに類推して行き過ぎた解釈をする「**類推解釈**」は、刑法の世界では禁止されているのです。人権侵害になるからです。そこで、現行の刑法典では、第245条に「電気は財物とみなす」という条文を設けて、電気は本来「物」ではないけれど、例外的に「物」であるとして、電気盗用も窃盗罪であるとことを明確にして社会的な妥当性を確保し、人権侵害を防いだわけです。

　（5）ちなみに、法律用語の「**みなす**」とは、「推定」ではなくて「同一」という意味です。ところで、電気は無形のエネルギーですが、それでは、電気以外の形のないエネルギーを盗用したらどうなるのでしょうか。例えば、ガス、暖気、冷気、原子力といったエネルギーです。D君は、木造の古いアパートに住んでいましたが、クーラーが買えなくて夏の暑い夜に悩んでいました。そこでD君は、隣室の住人の部屋にあるクーラーの冷気を壁に穴を空けて黙ってこっそり自分の部屋に取り込み、す

やすやすと眠りました。さてD君は許されるでしょうか。もちろん、無断で壁に穴を空けた行為は、アパートの家主に対する器物損壊罪（刑法典261条）になります。

（6）刑法典第235条にはガスや冷気という言葉はありません。しかし、電気がエネルギーであれば、その他のエネルギーを盗用しても窃盗罪とすることは類推解釈ではないとして「どろぼう」とされます。ちなみに、成立しませんでしたが、1974年の「改正刑法草案」では、その第335条で「電気、熱その他のエネルギーは財物とする」とされていました。

（7）ところで、**情報**は「物」でしょうか。現代社会では、何億円もする価値のある情報が取り交わされています。しかし情報には形がありません。もちろん、形はなくても確かにPCによって情報を物理的に管理することはできますから「管理可能性」があります。ところが、「**移転性**」がありません。通常、「盗む」とは可動性のある財物を場所的に「移転」することです。

（8）D君がA君の家からスマホを盗めば、A君のスマホは、A君宅からD君の支配内に移転してA君宅にはありません。しかし、D君がA君の家に忍び込んで、A君のPCから重要な情報を何らかの方法で自宅に持ち帰ったとしても、A君の大事な情報は、A君のPCに残ったままで移転していません。仮に、大事な情報の入っているA君のPCその物を盗んだとすれば、それは、PCという有形物の窃盗罪です。

（9）それでは、A君の情報をA君のUSBメモリとかコピー用紙にプリントアウトしてそれを持ち逃げしたらどうでしょうか。この場合も、USBメモリとかコピー用紙という媒体（有形物）の窃盗にしかなりません。更に、後述しますが、刑法典第

235条に規定するのは「財物」すなわち財産的価値がある「物」のことですから、たった1枚の財産的価値の乏しいコピー用紙を盗んでも窃盗罪を認めることは困難です。

（10）そこで判例は、他人のUSBメモリとかコピー用紙といった媒体（有形物）と情報を一体のものとして窃盗罪にしています。しかし、これではD君が自分の媒体に入力して持ち帰った場合の説明ができませんね。読者のみなさんは、どのように考えますか。このように刑法には、未解決の問題が沢山残っているのです。自然科学と違って、法律の世界は絶対的な正解がない社会科学の世界だからです。

2-4. 「財物」とは？

（1）さきほどお話ししたように、「どろぼう」の対象「物」は、刑法典第235条に規定されている「**財物**」ですから、財産的価値のある物を盗まないと「どろぼう」にはなりません。それでは、財産的価値は、何を基準にして判断するのでしょうか。例えば、メモ用紙1枚とかチリ紙十数枚とかには財産的価値がないに等しいので盗んでも「どろぼう」にはならないとされています。しかし、経済的交換価値とか金銭的価値が「どろぼう」の決め手とは限りません。

（2）例えば、そのような価値のない消印済の収入印紙も財物とされます。また、悪用されると困るような消極的な価値の物も財物です。例えば、無効になった自動車運転免許証がそうです。主観的な価値のある物も財物とされます。例えば、思い出のラブレターや写真、趣味で採集した鉱石や樹木などです。しかし、窃盗罪の対象である「財物」と言えるかどうかは、学

者・研究者の見解（学説）や判例で意見が分かれています。

　（3）　例えば、お棺のなかの遺体とか遺骨とか遺品です。財物だと認める人と財物ではないと否定する人がいますし、場合によって財物か財物ではないかを分ける人がいます。なお、家とか土地といった不動産も財産的な価値のある有形物ですが、これは持ち運びができないので、可動性がありません。しかし、他人の不動産を登記簿上で不正に書き換えて自分の物にすることはできますので、これを**不動産侵奪罪**として処罰しています（刑法典 235 条の 2）。

　（4）　なお、先ほど学説や判例で「財物」の捉え方が違うと言いました。前述しましたように、刑法学は**社会科学**であって自然科学ではありません。自然科学の世界では、「水は 1 気圧で 100 度（沸点）に達すると水蒸気に変わる」という法則があります。この法則は、地球上における唯一絶対の真理です。しかし、社会科学の世界では、唯一絶対の法則というものはありません。美学においても同様です。

　（5）　あることについて議論すれば、百人百様の考え方があります。そのなかで、80 パーセントほどの人々が妥当だと考える見解を、社会科学の世界では「**通説**」だとか「**支配的見解**」と言って、一応の目安とするのです。つまり、刑法の世界は「妥当性」の世界でして、「絶対的正しさ」の世界ではありません。ですから、現在「妥当」だとされている考え方も 50 年後には間違っていると言われるかもしれません。

　（6）　そこで、刑法の世界では、どの解説書においても必ず「**少数説**」という見解が付記されています。最高裁判所大法廷の判決でも「少数意見」が付記されています。このように法に

関するいろいろな概念定義は歴史の変遷によって変わるのです。これを「**法の歴史性**」と言っています。つまり、法や政治や経済といった社会科学の世界では、「絶対的」言明をすることはできません。言明した瞬間に、その言明は独断・独善となり排斥されなければなりません。本書でも何が「財物」かは、判例とか多数意見（通説）を中心にお話しするにすぎません。

2-5. いつ「どろぼう」になるのか？

（1）D君が、新しいスマホを買いたいけれど金銭的余裕がないので、A君のスマホを盗みたいと考えました。しかし、思っているだけの心のなかを裁くことはできません。主観的な思想・心情を裁くことは、現代の法では許されません。「どろぼう」つまり窃盗罪は財産罪ですので、現実に（客観的に）財産を侵害しないと「どろぼう」にはなりません。

（2）刑法は、どの条文も国民の何らかの生活利益を保護していますが、これを、専門用語で「**保護法益**」と言い、窃盗罪の規定は、「**財産**」という法益を保護しているのです。ですから、「どろぼう」になるためには、財産という法益を侵害しなければなりません。それは、D君がA君の物を自分の排他的な支配内に移した（取得した）時です。これを「**取得説**」と言い、この時に「どろぼう」が完成するわけです。そして犯罪が完成した段階を「**既遂**」と言います。

（3）しかし、「財物」の形態によってはその既遂時期が異なります。財物の大小や被害者の持っている状態とか盗る行為の仕方によって異なってきます。ハンカチならポケットに入れた時ですし、書物なら腕の脇に挟んだ時です。樹木ならば伐採し

た時が既遂です。スーパーの品物の場合はレジを通らずに黙って店外に出た時が既遂です。スマホは手に持つことができますから、D君がA君のスマホを自分の手で握った時に既遂となり「どろぼう」になります。

　(4)　でも失敗したらどうなるのでしょうか。D君はA君のスマホに手をかけて盗ろうとしましたが、①A君の抵抗にあって奪い取れなかった場合とか、あるいは、②B子さんのカバンを盗ろうとして手をかけましたが、A君から「やめろよ」と言われたので盗むことを自分で止めた場合です。このように盗る行為にとりかかったにも拘わらず成功しなかった場合のことを「**未遂**」と言います。

　(5)　それでは、未遂の場合は処罰されないのでしょうか。すべての犯罪が処罰されないわけではありません。処罰される場合もありますが、その場合には、条文で示す必要があります。刑法典第44条では、「未遂を罰する場合は、各本条で定める。」とされています。したがって、未遂を処罰する規定があれば、失敗犯罪すなわち未遂も処罰されることになります。

　(6)　ところで、窃盗の場合は、刑法典第243条で「未遂は、罰する。」として処罰されることになっています。ただし、先ほどお話ししたように、思っただけではダメでして、盗もうとする行為にとりかからなければなりません。このことを「**着手**」と言います。刑法典第43条では、「犯罪の実行に着手してこれを遂げなかった者」が未遂罪とされるのです。そして、前記の①の場合を「**障害未遂**」と言い、②の場合を「**中止未遂**」と言います。①の場合は、**裁量的減軽主義**と言い、裁判官の判断で刑罰を減軽することができますが(43条本文)、②の場合には、

必要的減免主義と言い、裁判官は必ず刑罰を減軽または免除しなければならないことになっています（43条但書）。

（7）　未遂については、まだ問題点がいろいろとありますが、それは後述することにして、「着手した」とはどのような時なのでしょうか。これも、事例によって違ってくると思います。例えば、D君がB子さんの家に侵入して宝石を盗ろうとする場合、住居に侵入しただけでは「窃盗」の着手とは言えません。D君本人は「窃盗」の意思で侵入したとしても、住居に侵入するという行為の外形を第三者から客観的に見た場合には、「窃盗」のつもりなのか、「放火」のつもりなのか、「損壊」のつもりか判りません。学説・判例の見解は分かれていますが、有力な見解では、D君の行為が実質的に財産という法益を侵害する危険性をもつ時点で「窃盗の着手」とされています。

（8）　それをD君の具体的な行為に当てはめると、「宝石は何処にあるかな？」と思って押入れを開いたり、タンスを開けたりして宝石のある場所を物色する行為を始めた時が「どろぼう」の着手時点です。この考え方を**「物色行為説」**と言います。しかし、この物色行為説をすべての窃盗行為に当てはめることはできません。例えば、スリ窃盗の場合で考えると、物色行為は、ポケットの外から財布が入っているか確かめる行為です。しかし、これでは早すぎます。何故なら、満員電車の中では誰の手も他人のポケットの外に触れていることが多いので、多くの乗客全員がスリ窃盗の着手をしているということになるからです。少なくとも、被害者のポケットの外側に手をかけた時点とするべきでしょう。

2-6.　許される「どろぼう」ってあるの？

　(1)　すでにお話ししたように、自分の財物を盗んでも「どろぼう」にはなりませんし、被害者が「盗んでもいいよ」と言って同意した場合も許されます。これ以外に許される場合はありませんが、刑罰を免除されたり裁判されたりしない場合はあります。例えば、夫婦の間とか親子の間で「どろぼう」をした場合です。

　(2)　D君がお金に困って母親の財布からひそかに金銭を盗った場合です。このような場合には、同居の親族間の場合も含めて、刑法典第244条1項で「刑を免除する。」とされています。また、これ以外の親族の間で「どろぼう」をした場合には、同条2項で「告訴がなければ公訴を提起することができない。」とされています。後者の2項の場合は、被害者の人が裁判をしてほしいと訴え（告訴し）ない限り、検察官は訴えを起こす（起訴と言います）ことができないのです。このような犯罪を「**親告罪**」（例えば、232条・264条）と言います。

　(3)　これらは、古いローマ時代の「**法律は家庭に入らず**」という格言の精神に基づくもので、重大な犯罪でなければ家庭内のことは家庭内で解決しなさいという趣旨です。もちろん、この場合でも、窃盗罪という犯罪は成立しているのですが、刑罰だけは免除しましょうとか、裁判をしたくなければしなくてよいですよという意味ですので、親族間ならば、「どろぼう」をしてもよいと言っている意味ではありません。刑法にも優しさがあるという趣旨です。

　(4)　仮に後で返還するつもりで他人の財物を無断拝借する行為は、「どろぼう」ではなくて許されるでしょうか。実は、「ど

ろぼう」が成立するためには、単に「奪うという意思」のほかに、財物を「**不法に領得する意思**」（自分の支配する物にする意思）が必要と言われます。何故かと言いますと、D君がA君のカバンからA君のスマホを奪ったとして、その行為の外形だけを見ると、D君はスマホを自分のものにしたくて奪ったのか、それとも、A君に意地悪をする目的でA君のスマホを隠したり壊したりするつもりで奪ったのか判りません。そこで窃盗罪には、単に奪うという意思のほかに「**不法領得の意思**」が必要だというわけです。

(5) 何故なら、他人の財物を壊したり隠したりする行為（毀き棄・隠匿）には、自分の物にするという意思はないからです。そうしますと、後で返還する意思で無断借用する場合には、自分の物にする意思（不法領得の意思）がありませんから、「どろぼう」にはならないことになります。しかし、そうなると例えば、D君がA君の500万円もする高級車を無断借用して乗り回し3時間ほど後に返還した場合でも「どろぼう」ではないことになります。これでよいのでしょうか？

(6) 読者のみなさんも「それはチョットねえ」と思うのではありませんか。そこで判例は、不法領得の意思とは、「権利者を排除して、他人の物を自己の所有物として、その経済的用法に従い、これを利用もしくは処分する意思」として解決することにしました（大判大正4・5・21刑録21・663）。

(7) そうしますと、「永久にその物の経済的利益を保持する意思であることは必要としない」ことになり（最判昭和26・7・13刑集5・8・1437）、仮に返還意思があっても無断使用する場合には、被害者の権利を排除して、まるで自分が権利者である

ように財物を使用しているわけですし、特に高級自動車の場合ならガソリンの消費とか財産的消費量が大きいですので、まるで自分が自動車の所有者であるがごとくに経済的価値を使用したことになり、「どろぼう」をしたことに等しいわけです。読者のみなさんが、学校の教室で隣席の級友の消しゴムや定規を無断で借用して元に戻すような行為とは違うわけです。

＊ところで、大判とか最判または最決の後に、明治・大正・昭和・平成という元号と数字を表記しましたが、これは、本書目次のあとの略記一覧に示したように、判決を下した裁判所と年月日の略です。大審院は現在の最高裁判所です。そして、この判決例が、類似の事件に対する判決を指導しているのです。これを類似の事件に対する「**判例拘束力**」と言います。類似の事件で異なった判決をして人権侵害をしないためのルールです。もしどうしても違う判決をしなければならない場合には、最高裁判所で15人の裁判官全員で判例変更をしなければならないことになっています。

2-7. 「どろぼう」の変身

(1) 「どろぼう」は変身することがあります。するとどうなるのでしょうか？ 例えば、D君は、A君の留守宅に現金を盗むつもりで侵入しました。ここまでは住居侵入罪です。やがて現金を求めて家の中を物色し始めました。「どろぼう」つまり窃盗罪に着手したわけです（前記 2-5.(6) 参照）。そして遂にタンスの中に現金を見つけて手に取りました。これで窃盗は既遂に達しました（前記 2-5.(2)(3) 参照）。

(2) ところが、その時にA君が帰って来たのです。A君は、

D君の手にある現金を見て取り戻そうとしました。そこでD君は、取り返されないためにA君を殴って倒しました。すると合気道の腕のあるA君は、D君を捕まえようとしました。D君は、逮捕されてたまるかとばかりに、更にA君を蹴飛ばして逃げました。さて、D君は単なる「どろぼう」でしょうか。

（3）初めからD君が暴行か脅迫を手段としてA君の現金を無理やり奪う（「強取」と言います）つもりでしたら、当然にD君は刑法典第236条の強盗罪です。第236条には「暴行又は脅迫を用いて他人の財物を強取した者は、強盗の罪とし、5年以上の有期懲役に処する。」と規定されています。ところが、D君は、初めから強取するつもりはなかったのです。初めは、単にA君の現金をひそかに盗もうと思った単純な「どろぼう」のつもりだっただけなのです。

（4）ところが、この場合のD君も強盗罪になるのです。刑法典第238条には、「窃盗が財物を得てこれを取り返されることを防ぎ、逮捕を免れ、又は罪跡を隠滅するために、暴行又は脅迫をしたときは、強盗として論ずる。」と規定されているのです。これを「**事後強盗罪**」と言います。この規定の「窃盗」とは、窃盗犯人の意味です。D君の行為は、すでに窃盗の既遂に達していますから、D君は窃盗犯人です。そしてD君は、現金を取り返されたくないのでA君に暴行をし、逮捕されないために暴行したのですから、第238条の条文にぴったりと当てはまります。

（5）ただし、この場合の暴行・脅迫は、「**窃盗の機会**」に行われなければならないとされています。判例では、「窃盗の現場又は、その機会の継続中においてなされることを要する。」

としています（福岡高判昭和 29・5・29 高刑集 7・6・866）。つまり「窃盗の機会」は、場所的・時間的・人的な関係を総合的に判断して決めるのです。

　（6）　したがって、D君がA君宅からが現金を盗んで、A君宅から 200 m ほど離れた場所で犯行と無関係に警察官に職務質問され警察官に暴行を加えた場合は事後強盗罪にはなりません（窃盗罪と公務執行妨害罪です）し、D君が、1 km 離れた公園で現金不足に気付きA君宅に引き返して家に入ろうとしたところにA君が帰って来て見つかったのでナイフを出して脅迫したとしても事後強盗罪にはならず、窃盗罪と脅迫罪または恐喝罪です（最判平成 16・12・10 刑集 58・9・1047）。

3. 「者＝人」の話

3-1.　行為する「人」

　（1）　「窃取した者」が「どろぼう」ですから、「者」とはすなわち「**人**」です。傷害する者も強盗する者も「**人**」です。行為する**主体**は「**人**」だということです。「人」は当然にこの世に生きているわれわれ**自然人**のことです。ところが、法律の世界では、自然人のほかに、企業組織のように法が「人」とみなしている「**法人**」があります。

　（2）　法人もいろいろな種類があります。国家や地方公共団体のような「公法人」、日本赤十字社のような「公益社団法人」、学校法人とか宗教法人のような「財団法人」、労働組合とか農協のような社団法人、そして会社企業のような営利を目的とする「営利社団法人」があります。

（3）現代社会では、このような法人がまるで自然人のように経済取引をしたりして活動しています。つまり、法人が、民法上の貸し借りとか商法上の売買契約などの経済取引をしているわけです。しかし、「法人」は、刑法上の殴る・蹴る・怪我をさせる・盗む・殺す・放火するという行為をすることができるでしょうか。刑法の条文は、「〜した者は」「〜させた者は」というように、自然人を予定した表現になっています。

（4）従来は、法人は自然人のように意思と肉体を有していないということを理由に、**法人の犯罪能力**を否定していました（大判昭和 10・11・25 刑集 14・1217）。それにも拘わらず、法人には刑罰を受ける能力つまり**受刑能力**はあるのだとされていました。つまり、法人には犯罪主体性はないけれども刑罰は受けるべきだというのです。ところが、やがて自然人が行った犯罪であっても、自然人と一緒に法人もまた責任を負って刑罰を受けるべきだという考え方が出てきました。このように自然人と法人の両方を処罰する規定が生まれました。これを「**両罰規定**」と言います。

（5）例えば、所得税法第 189 条 1 項にそのような規定があります。もっとも、これは上述のように、特別刑法のなかの行政刑法ですから、所得税法違反罪は行政刑法違反の「行政犯」・「法定犯」だということになります。そうしますと、殺人罪だとか放火罪のような普通刑法上の刑事刑法違反の「自然犯」・「刑事犯」を行う能力は法人にはないのでしょうか。

（6）確かに法人は殴ったり放火したりすることはできません。だからと言って法人の犯罪能力を全面的に否定することは疑問です。何故なら、企業は名誉棄損罪（刑法典 230 条）の被害者に

なりますし、逆に本罪の加害者になることもできます。企業が公害物質を意図的に川に放出し、川下に暮らす人々の健康を害したり、その人々の生命を奪ったりすることはできるのです。このように、通称「**公害犯罪処罰法**」は、法人を主体扱いしています。

3-2. 行為される「人」

　(1)「どろぼう」つまり窃盗の行為主体は「人」つまり自然人ですが、対象である**客体**は「財物」でした。このように、刑法の条文の客体は、各種の異なった犯罪によって異なります。窃盗罪の客体は「財物」でしたが、刑法典第199条は「人を殺した者は」となっていますから、殺人罪の客体は「人」です。ところで、この「人」はいつ「人」になるのでしょうか。

　(2)　読者のみなさんは、どうしてそんなことが問題なの？と思うかもしれませんね。実は、「人」の捉え方は国や民族によって異なるのです。**(a) 陣痛説**は、母体の母親が陣痛を開始すると胎児が「人」になるという考えです。ドイツでは、陣痛開始後に母体の産門が開いた時点で胎児が「人」になると考えます。この時点の母体内の生命体を「嬰児」と言いますが、この嬰児の生命を奪う**嬰児殺**は殺人罪です（日本では<u>堕胎罪</u>です）。

(b) 一部露出説は、胎児が母体から身体の一部（通常は頭）を出せば「人」とみなす考え方で、日本の通説・判例です。通常、露出してくる順序は頭からですから、これを攻撃すれば生命を奪うことが可能ですので、(b) 説は生命保護には有益です。

(c) 全部露出説は、胎児の身体が母体から全部出た時点で「人」とする考えです。**(d) 独立呼吸説**は、胎児が母体外に全部出た

あとで独立に呼吸した時(オギャーという発声が最初の呼吸音)に「人」と認めます。このように客体の「人」の捉え方も国民性によって異なるのです。

(3) このほかに、**(e) 独立生存(生続)可能性説**という考え方があります。従来の物理的な有形力の行使による殺害ではなくて、レーザー光線・超短波・放射線・薬物のような現代科学技術を用いて人の生命を奪うことができる時代を考慮して、母体内の胎児が、陣痛開始前であっても、もし何かの都合で母体外に出ても独立に生存(生続)可能ならば、「人」として扱う考えです。ただし、母体内の胎児が独立生存可能状態であることをどのような基準でどのように判断するのかが問題です。

(4) ところで、以上のようないつ「人」になるのかという「**人の始期**」の問題と共に、いつ「人」が「人」でなくなるのかという「**人の終期**」の問題があります。従来は、「**三徴候説**」と言いまして、心臓と肺臓の不可逆的な機能停止と瞳孔拡大という3つの徴候を根拠にして「人の終期」を判断していましたが、心臓移植の解決のために「**脳死説**」が出てきました。何故なら、心臓を移植するためには生きている心臓が必要だからです。

(5) しかし、生きている心臓を取り出せば、取り出された人は死にますから、この心臓を取り出す行為は、三徴候説からすると殺人罪になります。ところが、脳が死んでいれば「人の死」だとする脳死説によれば、その人の生きている心臓を取り出しても死体から取り出したことになりますので殺人罪にはなりません。こうして脳死説が出て来たのです。しかし、脳のどの部分の死を脳死というのか、人の死は脳死だけでよいのかという問題があります。

(6)　人の死を脳死だけで判断する考え方を「**全面的脳死説**」と言いますが、臓器移植の場合にだけ脳死を人の死として、それ以外は三徴候説によって人の死を判断する考え方を「**部分的脳死説**」と言います。「臓器の移植に関する法律」によりますと、第1条(目的)では、「…臓器の移植術…に使用されるための臓器を死体から摘出すること…」として、人間の死は脳死であるように記述されていますが、第6条1項では、「…死体(脳死した者の身体を含む)…」としているので、人の死は原則として心肺停止で、例外的に脳死を含むというようにも読めます。

　(7)　また、脳のどの部分の死をもって脳死と言うかが問題ですが、「脳死した者の身体」とは、「脳幹を含む全脳の機能が不可逆的に停止するに至ったと判断された者の身体をいう。」(6条2項)として「**全脳死説**」を表明しています。これに対して、「**脳幹死説**」は、心肺という循環器系統を司る植物的機能をする**脳幹**部分の死をもって人間の死とする考え方です。「**大脳死説**」は、意識・感情という動物的高次機能を司る**大脳**部分の死をもって人間の死とする考え方です。

　(8)　日本では「全脳死説」を採用していますから、したがって、大脳が不可逆的に機能停止しても脳幹が生きている身体は死体ではありません。意識はなくても植物的機能が生きていますので、いわゆる「植物人間」状態といわれる身体(正式名称は「遷延性植物症」)です。不可逆的停止とは、どんなことをしても元に戻ることが不可能な停止という意味です。

　さて、そろそろ刑法の世界に興味が出て来たと思います。そこで第2話からは、もう少し専門的な解説を含めながら話を進めていきたいと思います。

第2話　刑法とは何か

1.　刑法の意義

(1)　さて、刑法とは、そもそもどんな法なのでしょうか。一般に、「**犯罪と刑罰に関する法**」と言われています。英語では、Criminal Law と言いますし、ドイツ語では Strafrecht、フランス語では Droit Pénal と言います。Law も Recht も Droit も法の意味ですし、Crime は犯罪、Strafe は刑罰、Pénal は制裁ですから、直訳しますと、英語は「犯罪法」、ドイツ語は「刑罰法」、フランス語は「制裁法」ということになります。しかし、日本ではいずれも「刑法」と称されています。

(2)　ところで、われわれが一般的に思い浮かべる犯罪は、前話の窃盗罪だとか強盗罪あるいは殺人罪だとか放火罪といったテレビや新聞紙上で報じられている典型的な犯罪でして、これらについて規定しているものが刑法だと考えています。このような犯罪とそれに対する刑罰を規定している法が「**刑法典**」です。

(3)　ところが、刑法典のほかに犯罪と刑罰に関する法律は沢山あります。第1話 1.(5) でもお話ししたように、例えば、軽犯罪法、売春防止法、ストーカー行為等の規制等に関する法律、

配偶者からの暴力の防止及び被害者の保護等に関する法律（DV法）、大麻取締法、覚せい剤取締法などです。これらも刑法なのです。これらを狭義の**特別刑法**と言い、刑法典を**普通刑法**と称することもお話ししました。

　(4)「**狭義の特別刑法**」は、時代の要請によって新しく立法化され生まれてきた法律でして、刑法典のなかに納めきれないので、特別に制定されたものなのです。しかし特別刑法は、狭義の特別刑法に限りません。道路交通法、国家公務員法、地方公務員法、公職選挙法などに規定されている犯罪と刑罰に関する条文そのものも刑法でして、これらを**行政刑法**と言います。

　(5)　更に、割賦販売法や不正競争防止法などの経済取引上の犯罪と刑罰に関する条文（「経済刑法」）、労働基準法や労働組合法に違反する行為の処罰に関する条文（「労働刑法」）、所得税法や相続税法に違反する行為を処罰する条文（「租税刑法」）があります。これらの行政刑法を「**広義の特別刑法**」と言います。つまり、刑法には、普通刑法の刑法典と（狭義・広義の）特別刑法があるということです。そして、普通刑法を狭義の刑法または形式的意義の刑法と言い、これに特別刑法を加えたものを広義の刑法または実質的意義の刑法と言います。

　(6)　そして、古今東西を問わず存在する殺人罪、窃盗罪、放火罪のような犯罪を「**自然犯**」ないし「**刑事犯**」と言い、行政刑法上の犯罪を「**法定犯**」ないし「**行政犯**」と言います。ところで、行政刑法は刑法典第９条の刑罰名（主刑＝死刑、懲役、禁錮、罰金、拘留、科料、付加刑＝没収）をもつ法規ですので、行政処分としての反則金とか過料という刑罰ではない「**秩序罰**」を伴う法令（法律・命令）は行政刑法ではありません。

(7) ところで、1つの事件に対して、普通刑法と特別刑法との両方が関わる場合がありますが、その場合にはどうするのでしょうか。例えば、D君がA君の生命を奪ったとしましょう。ナイフとか鉄棒のような凶器を用いて生命を奪う一般的な殺人行為でしたら、刑法典第199条の殺人罪で処断されます。しかし、例えば、D君が、自分の経営する工場から公害物質を故意に垂れ流していたために、それが下流に住むY村の地下水に流れ込み、その地下水を井戸でくみ上げて飲料水に利用していたY村に住むA君ら数名が死んだ場合はどう扱うのでしょうか。

　(8) この場合は、普通刑法である刑法典第199条で処罰しません。特別刑法の「人の健康に係る公害犯罪の処罰に関する法律」通称「**公害罪法**」によって処罰します。このように他人の生命を奪った場合でも、適用される刑法が違うのです。一般的な方法による生命剝奪ではなくて、従来では予定していなかった特別な方法による生命剝奪は、その特別な刑法で処断するのです。これは、「**特別法は一般法（普通法）に優先する**」という法原則によるものでして、普通刑法よりも特別刑法が先に適用されるのです（第9話2.の(5)参照）。しかし、第1話の1.(5)でも触れましたように、本書では特別刑法の話にはこれ以上は触れません。

2. 法 と 法 律

　(1) さて今までのお話のなかで、「刑法」と「刑法典」という2つの言葉を使用してきました。読者のみなさんは、どうしてだろうかなと思ったことでしょう。「**法典**」とは、「定めを書い

たもの」という意味ですから、規則を文字で書いたものということになります。そして、「法律」も文字で書かれたものですが、「典」は原則を表しますので、刑法典は、普通刑法と特別刑法の両方の原則を示すことになります。憲法典は、すべての法律の原則を示していますし、民法典も、借地借家法・不動産登記法・供託法・消費者契約法などの原則を表します。

　(2)　それでは「法」とは何でしょうか。「**法**」は、文字で書かれているものではありません。ちなみに、前記1.(1)でもお話ししましたが、「法」は、ラテン語ではJus、イタリヤ語ではDritto、英語ではLaw、ドイツ語ではRecht、フランス語ではDroitと言いますが、「**法律**」は、ラテン語でLex、イタリヤ語でlegge、英語ではAct、ドイツ語ではGesetz、フランス語ではloiと言って言葉が違います。つまり、厳密には法と法律は違うのです。

　(3)　例えば、ドイツ語のGesetzは、setzen（設定する・制定する）という動詞の過去分詞でして、ドイツ語では頭文字を大文字にすると名詞形になるのでGesetzは国会で「設定・制定されたもの」という意味になります。そして、図書館などでドイツ語の辞書のRechtを調べてみてください。すると、「権利」「法」「正義」という意味が出てきます。つまり本来「**法**」は「**正義**」なのです。

　(4)　実は、日本は、明治時代にヨーロッパ大陸の法（大陸法）を輸入しましたので＊、日本の法はほとんどが文章化された法律（**成文法**）形式です。ですから法と法律を厳格に区別しなくても済みます。しかし、イギリスとアメリカは、**判例法**と言いまして長い歴史を通じて下された裁判における判決の積み重ねか

ら生まれた文字で書かれていない法（**不文法**）（英米法）によって
社会秩序を維持していますので、法律は少ないのです。したが
って、殺人・窃盗・放火などの自然犯・刑事犯については、不
文の判例法で裁判をしています。

＊ 輸入した法を「**継受法**」と言います。日本の民法典はドイツの
　 民法典の継受法ですし、ドイツの民法典はナポレオン法典の継
　 受法ですし、ナポレオン法典はローマの市民法典の継受法なの
　 です。歴史は短いですね。

（5）日本の法は成文法ですので、法と法律はほぼ一致します
から、刑法と言っても刑法典と言ってもあまり差はないのです。
しかし、刑法典には、刑法の一部である特別刑法が含まれてい
ないことに注意してください。ところで、法すなわち正義つま
り「正しいこと」は、行為の基準ないし模範ですから、文字で
表さなくてもよいことです。この行為基準のことを「**規範**」と
言います。通常、「～しなさい」とか「～してはいけません」と
いうのが規範です。前者を「**命令規範**」、後者を「**禁止規範**」と
言います。日本の刑法（典）を見ると、犯罪行為と刑罰だけが
記述されていて規範は書かれていませんから、刑法は刑罰法規
（法律）の形態を採っているように見えるわけです。

（6）しかし、目に見えない書かれていない法規範が刑法のす
べての条文には隠れているのです。例えば、窃盗罪（235条）の
規定には、書かれてはいませんが、「他人の物を盗んではいけ
ませんよ」という禁止規範が隠れているのです。刑法典第199
条の殺人罪には、「他人を殺していけません」という規範が隠
れています。ちなみに、キリスト教の旧約聖書の「**出エジプト**

記」のモーゼの十戒（第20章1-17）を見ると、そこでは、規範と制裁（罰）の両方が書いてあります。「嘘をついてはいけません」とか「約束を守りなさい」といった道徳規範と同じように、近代刑法では、このような規範は当然の（当たり前の）ルールだとして書いていないだけです。

（7）この「規範」のことを英語ではnormと言いますが、このnorm（規範）に従って行動する人をnormal（ノーマル）な人と言いますし、このnorm（規範）を守れない人をabnormal（アブノーマル）な人と言います。そして、この当たり前のルールを破ると非難されます。ところで、「嘘をついてはいけません」という道徳規範を破っても、「どうして嘘を言うのだ！」と社会的な非難を受けるだけで処罰されることはありませんが、法規範を破ると罰せられるのは何故でしょうか？ 国家は、すべての規範違反を処罰するのではなくて、道徳規範は人々の自律心に委ねて違反行為には社会的非難で済ませ、どうしても破られては困る規範についてだけは国家が刑罰をもって強制的に規範を遵守させることにしているのです。

（8）したがって、法規範には国家の**強制力**がありますが、道徳規範には国家の強制力はありません。つまり、法は、「法規範を破ると刑罰をもって制裁するぞ！」と表明して、強制的に規範を守らせているわけです。しかし、道徳規範には刑罰による制裁という強制力はありませんが、だからといって道徳規範を破ってよいわけではありません。あまりにも道徳規範を破る人が多くなりますと、例えば「ポイ捨て禁止条例」のような制裁法規が出てきます。

（9）国民・市民の規範意識が薄れてくると国家や地方公共団

体は強制力のある法規を新設して強制的に規範を守らせようとします。これは好ましくない現象ですので、われわれの規範意識の向上が必要です。もともと法規範は道徳規範から生まれたものですから、ほとんどの法規範は（現代の科学技術規範は別にして）道徳規範と一致します。つまり、これが**「法は道徳の最小限度」**という原則の由来です。

　(10)　もっとも、「税金は納めるべきだ」という規範は、キリスト教の聖書にも表明されている宗教的倫理規範ですが、日本では、このような道徳規範がないために、租税刑法を軽視して脱税する人が多いと言われます。また、道徳規範が法規範と結びつくこともあります。例えば、「嘘をつくこと」だけでは処罰されませんが、「嘘をつくこと」によって他人の金品を奪うことは、詐欺罪（246条）として処罰されます。こうなりますと、国家も無視することはできないということです。

3.　刑法典の構造

　(1)　刑法典を見ると、大きく総則規定と各則規定という2つの部分によって形成されています。今まで窃盗罪などの日常的に耳にする具体的な事例を話してきましたが、これらの犯罪は、各則規定の話です。そして、「どろぼう」とは何かとか、「人」の生死の意味は何かということをお話ししてきましたが、このような刑法典各則規定の意味解釈についての理論を**「刑法各論」**と言います。

　(2)　つまり、刑法各則は、いろいろな具体的な種類の犯罪類型を規定した条文ですので、それぞれの条文のもつ意味を解釈

することが刑法各論の使命です。これに対して、刑法総則は、刑法各則のすべての条文に共通して必要な要件を規定しているのです。したがって、刑法総則に規定する要件を充足しなれば、刑法各則の犯罪は成立しないことになります。

（3）そこで、例えば、「故意」ないし「犯意」の意味とか、「違法性」とは何か、「刑事責任」とは何かとか、違法性や刑事責任が問われない場合はどのようなときかについて、更に、すでにお話しした「未遂」と「既遂」の問題とか、本来は独りで行う犯罪を2人以上で行った場合（「共犯」）はどうするのかといったことを規定する総則規定の問題を扱うのが「**刑法総論**」です。本書は、刑法についての「誘い書」ですので、すでにお断りしましたように、刑法総論と刑法各論の両方をを詳しく丁寧にお話しすることはしません。刑法総論を中心に、各論上の事例を題材にして基本的なことだけをお話しすることにしています。

（4）そこで、刑法総論で扱う基本的なことを概観していきましょう。まず**第1**に、**刑法の使命**ないし役割について考えます。**第2**に、**犯罪の成立要件**について考えます。**第3**に、**犯罪成立の時系列**について考えます。**未遂・既遂**の問題です。**第4**に、犯罪の人的関係つまり犯罪行為を行う**人数**つまり**共犯論**をお話しします。**第5**に、犯罪の成立の数すなわち**罪数論**を考え、**第6**に、**刑罰**について考えます。本書は、「誘い書」ですから、このうちの第2と第3と第4を中心にお話ししたいと思いますが、その前提として、第1の刑法の使命が、その他の問題の解決に影響しますので、若干お話ししておきたいと思います。

4. 刑法の使命

　どのような法律にも、それを制定した**目的**があります。それが、その法律の使命です。たいていの法律には、第1条で「この法律は…ことを目的とする」として「目的」が示されています。憲法典や民法典そして刑法典には「目的」条文がありません。それは、これらの法典の目的は当然のことなので規定していないだけです。**刑法**にも**使命**があります。1つは**人権保障**、2つ目は**法益保護**、3つ目は**秩序維持**です。

4-1.　秩序維持の使命

　(1)　読者のみなさんには、3つ目の使命が最も理解できるものだと思います。刑法は、不文の規範である「〜しなさい」「〜してはいけません」ということを示して、「すべきこと」と「すべきでないこと」および「してよいこと」と「してはいけないこと」を区別（評価）して、それに従って意思決定しなさいと国民に義務づけて、国民の行為をコントロール（操縦）しているわけです。

　(2)　こうして刑法は秩序を維持することに役立っているわけです。このような刑法の機能を「**規律的機能**」ないし「**規制的機能**」と言います。しかし、国家から刑法によってあまりにも細かいことを強制されないようにしなければなりません。そのためには国民自身の自律心が必要です。さもないと国家が独走して独裁政治が出現する心配があるからです。近代の歴史上の専制国家や独裁国家は国民の自律心の欠如が原因していること

が多いです。

4-2. 法益保護の使命

(1) **保護法益**という言葉については、第1話2-5.(2)でも触れましたが、刑法典の各則規定は、①**国家的法益**の条文、②**社会的法益**の条文、③**個人的法益**の条文という順序で規定されています。①は、内乱罪(77条)、公務執行妨害罪(95条)、証拠隠滅罪(104条)などです。②には、放火罪(108条以下)、通貨偽造罪(148条)などがあります。②は、不特定または多数の人々の生命・財産・自由を保護しているのです。放火罪は、個人の建物を保護しているのではなくて、その周辺の人々の生命・身体(健康)・財産を保護しているのです。

(2) ③が最もわれわれに身近な条文です。個人の生命・身体と健康・財産・自由を保護しています。殺人罪・暴行罪・傷害罪・窃盗罪・強盗罪・詐欺罪・監禁罪などを挙げれば理解できるでしょう。もっとも、わいせつ罪(174条以下)は、刑法典では②社会的法益の罪として規定されていますが、やはり個人の性的自由ないし性的自己決定権を侵す罪ですので、現在では、どの解説書でも個人的法益の罪として扱っています。

(3) ところで、「どろぼう」から保護される法益は、第1話2-5.(2)で話したように個人の「財産」ですが、その内容については変遷してきました。従来は、「**所有権説**」ないし「**本権説**」が支配的でした。つまり、所有権を持っている個人の物を盗ること、ないしは所有権のみならず例えば賃借権なども含むもう少し広い範囲の本権の対象である物を盗ることが「どろぼう」とされていました。

（4）　しかし例えば、D君がA君の持っているスマホを「どろぼう」したとしましょう。D君にとっては、このスマホがA君の所有物なのか賃借物なのか預り物なのかは判りませんし、ただ欲しいから盗ったのですからそんなことはどうでもよいのです。もしかすると、このスマホは、誰かが公園のベンチに置き忘れた物で、A君が交番に届けにいくために持っていたのかもしれません。そうしますと、本権説の場合、A君は、D君に対して「何するんだ！」「どろぼう！」と言えなくなります。

（5）　ですから、理由は別にしてA君が現実に所持している状態を保護しなければ、刑法の役目は果たせなくなります。こうして、事実上の「所持」ないし「占有」された財物の財産的利益を保護法益とするべきだとする**「所持説」**ないし**「占有説」**が、現在は支配的になってきています。もちろん、この場合でも、更に考え方はいろいろに分かれていて対立がありますが、本書では、そこまで詳しくお話しすることはしません。詳しいことは、大学の講義か「刑法各論」の解説書で勉強してください。

（6）　ただ一言だけお話ししておきます。「所持説」と言いましても、あまりにも赤裸々な「所持説」は問題がありますので、**「平穏な所持説」**という考え方が強いです。例えば、A君が公園を散歩していたところ、D君が見覚えのあるスマホを操作しながら歩いてきましたので、よくよく見ると、実はそのスマホは昨日にD君が自分から奪ったスマホであることに気が付きました。そこでA君は、「それ僕のじゃないか！」と言って奪い返したとしましょう。「所持説」を徹底すると、たとえA君のスマホであるとしても、今は現にD君が所持しているので、A君はD君の所持を侵害したことになります。つまり、「どろ

ぼう」から盗品を奪い返す行為が「どろぼう」になってしまうことになるのです。

（7）この矛盾を解決するために、刑法は、このようなD君の「赤裸々な占有」まで保護するべきではなくて、「**平穏な占有**」だけを保護すべきだという考え方が強くなってきたわけです。もっとも、A君が奪われた現場で奪い返すことは正当防衛ですが、数日後の奪い返しは「**自救行為**」（民法では自力救済）と称して、刑法では禁止されているのです。法益の救済は警察のような公権力によるべきで個人でしてはいけないことになっています。判例は自救行為をほとんど認めていませんが、しかし、警察の力を待っている時間的余裕もなく奪い返す時期を失うと事後の救済が困難ないし不可能になる場合もありますから、一定の条件で自力救済を認めるべきでしょう。

4-3. 人権保障の使命

（1）**人権保障**についてお話ししましょう。中世とか近世では、現在のような明確な刑法典がありませんでしたので、国の支配者が自分の都合のよいように国民を処罰してきました。例えば、D君とT君が同じ事件を起こしたとしましょう。D君は、国王の親戚なので軽く処罰し、T君は、国王に反論ばかりするので重く処罰するということがありました。

（2）また、処罰する刑法規定がないにも拘わらず、国王にとってU君は邪魔な存在なので、国王が自分勝手に罪名を作ってU君を牢屋に幽閉してしまうことがありました。例えば、『レ・ミゼラブル』という小説を読んだことがある読者は想像できるでしょう。またY君はパンを１かけら盗んだだけなのに島流し

の刑に処せられるということがありました。これでは、国民は、どのような生活をすれば安心して暮らすことができるのか判らず不安な日々を送ることになります。このように支配者が基本的人権を無視して自分勝手に犯罪と刑罰を判断することを「**罪刑専断主義**」と言います。

（3）ですから、国民が安心して生活できるためには、犯罪になる行為とそれに対する刑罰をあらかじめ明確に文章で示すことによって、国民の自由領域を知らせなくてはなりません。そうすることによって、国民は初めて安心して暮らすことができますから基本的人権を保障されるわけです。このように、一般人に対しては何が犯罪になり、犯罪者に対してはどのような刑罰が科されるかを明確にすることを、「**明確性の原理**」と言います。

（4）「**明確性の原理**」は、①「法律がなければ、犯罪はない」し、②「法律がなければ、刑罰はない」という原則の表われです。この原則は、ラテン語で①を、Nullum Crimen, sine Lege、②を、Nulla Poena, sine Legeと言います。この標語に表われている原則を「**罪刑法定主義**」と言います。中世近世の「罪刑専断主義」を否定する原則です。そしてついに支配者の圧政に苦しんでいた市民が「罪刑法定主義」を勝ち取る革命が起きました。1789年の**フランス革命**です。このときの人権宣言に罪刑法定主義が明文化され、1791年の憲法に取り入れられました。

（5）それは、「法律は、厳格かつ明白に必要な刑罰のみを定めなければならず、何人も※、犯罪に先立って制定公布され、かつ適法に適用された法律によらなければ、処罰され得ない」という内容でした。何が犯罪とされ、それに対してどのような

刑罰が科されるかということは、行為の前にあらかじめ明確に法律で定めて示さなければならないのです。こうすることによって、国民は、刑法の条文に示された犯罪となる行為さえしなければ安心して自由に行動することができるわけですから、刑法は、国民の自由という基本的人権を保護していることになります。ここに刑法のやさしさが現われているということができます。刑法は、一般国民にとってやさしい法律なのです。

　＊法律の世界では、「何人」は「ナンピト」と読みます。

　(6)　第1話2-3.(4)で、「**類推解釈**」は刑法の世界では禁止されていると言いましたね。実は、類推解釈の禁止は、罪刑法定主義の**派生原理**なのです。罪刑法定主義は、犯罪と刑罰を行為の前にあらかじめ法律によって明文化しなければならないという原則ですから、条文に明文の規定もない行為に対して類推解釈をして処罰することは罪刑法定主義違反となるのです。

　(7)　その意味で、有形性のない電気を「物」として窃盗罪を認めた判例は、罪刑法定主義違反ではないかという批判が出たものですから、その後に、「電気は、財物とみなす」という規定(245条)を設けて解決したのです。そのほかに、特別刑法の狩猟法で「捕獲」を禁止されているカモシカの「なめし皮」を譲り受けて譲渡した事件がありました。「なめし皮」は、捕獲したカモシカを処分して、その皮だけを細工した物ですから、捕獲したカモシカという動物そのものではありません。最高裁判所は、それにも拘わらず、この「なめし皮」も「狩猟法20条にいわゆる捕獲した鳥獣に該当する」として狩猟法違反罪で処断しました(最判昭和37・3・8刑集16・3・267)。

(8)　しかし、処理済の「なめし皮」を「捕獲した鳥獣」と解釈することは類推解釈です。そこで、その後の狩猟法は「その加工品を含む」としました。時代の流れに従って刑法を改正すべきですが、その努力の少ない日本では、判例が改正立法の役割をしているという三権分立に反する状態に陥っています。政治家の努力不足でしょう。ドイツでは、発生した矛盾に対しては、次々に立法による法律改正がなされています。日本の立法機関の鈍感さには疑問を感じます。

第3話 犯罪の成立と種類

1. 概　　要

　(1) 結論的に言いますと、犯罪は、通説では、①行った行為が刑法の条文に当てはまり、②その行為が違法であると評価され、③行為者に責任があるとされる、という3要件(構成要件該当性・違法性・有責性)が満たされないと成立しないとされています。そこでまず、①の問題からお話ししていきましょう。前述の「罪刑法定主義」の原則により、条文に書かれていない行為をしても犯罪にはなりません。各条文には各犯罪を構成する個別の要件が記述されていますので、これを、個別構成要件ないし特別構成要件と称します。この条文に当てはまることを専門用語で「**構成要件該当性**」と言います。つまり、犯罪成立の第1の要件は、構成要件該当性なのです。

　(2) この各犯罪の構成要件該当性を、「何罪であってもすべての犯罪成立には第1に構成要件該当性が必要ですよ」と一般化して刑法総論上の第1要件としたのが、総論上の「構成要件該当性」なのです。ですから、総論上の構成要件を一般的構成要件と称し、各論上の特別構成要件と区別しています。つまり、特別構成要件は、眼で見て読める具体的な文章の構成要件です

が、総論上の構成要件は、眼に見えない抽象的な概念つまり「観念形象」ということになります。

(3) つまり構成要件該当性は、すべての刑法各則の条文について必要な共通の要件なので、構成要件該当性が刑法総論で一般化して扱われるわけです。ところで、D君がA君を段ったとします。この行為が暴行罪だとされるには、刑法典第208条の暴行罪の構成要件該当性がなければなりません。しかし、D君がA君を段る行為は、それだけでは暴行罪と認定することはできません。D君は、A君をただ単に段るだけのつもりなのか、怪我をさせるための暴行なのか、財物を奪うつもりで段ったのかということによって、暴行罪または傷害罪か、それとも強盗罪か、いずれの構成要件に該当するのかが異なります。何罪の構成要件該当性なのかは、D君の内心の意図つまり「故意」(犯意)によって決まります。

(4) したがって、何罪の構成要件に該当するかは、行為という客観的な外形だけではなくて、故意という主観的な内心が認定されなければ明らかにならないのです。その上、各則条文の犯罪構成要件は、犯罪の種類によってさまざまな違いがありますので、それぞれの条文が予定している要件を充足しないと何罪の構成要件に該当するかが決まらないわけです。大きく分けても、故意のような主観的要件のほかに、いろいろな主観的要件と客観的要件があります。

(5) 例えば、①**主観的な要件**としては、故意または過失のほかに、主体、目的、主観的傾向、心理的表出があるし、②**客観的な要件**としては、行為、客体、結果、因果関係、状況、社会的関係、条件、手段・方法、客観的処罰条件があります。これ

らすべてを詳細にお話しすることはしません。関心のある方は、大学の講義か、あるいは、『刑法総論』という表題の解説書を図書館で借りるか書店で購入して勉強してください。

（6）もっとも、『刑法総論』の解説書は、ピンからキリまでありまして、上巻・下巻に分かれた膨大な頁数のものから、簡単な要点だけを解説したものまでさまざまですので、自分で手に取って読みやすく易しい書を選んでください。初心者の方には、いろいろな学説や判例の変遷を詳細に記述した書よりも、通説と判例を中心に解説した書を選ぶことをお奨めします。法律家になるためにも、まずは**通説**と**判例**を理解することが大切だからです。

2. 主観的要素

（1）構成要件の要素のうち、比較的解りやすい主観的要素は「**目的**」です。本書の始めには読者の皆さんに理解しやすくするために、「～するつもり」という言葉を用いましたが、これは、後述する刑法典第38条の「罪を犯す意思」つまり「故意」ないし「犯意」のことでして、「目的」とは違うのです。「**目的**」は、「故意」を超える主観的要素（**主観的超過要素**）であり、この言葉が入った条文の犯罪については、「故意」のほかに更に「目的」がなければ犯罪が成立しないのです。

（2）例えば、刑法典第148条には、「行使の目的で、通用する貨幣、紙幣又は銀行券を偽造し、又は変造した者は、無期又は3年以上の懲役に処する。」となっていますので、偽札を作るという「故意」だけでは通貨偽造罪にはならないのです。こ

のほかに、「行使する」という「目的」が必要なのです。「**行使**」とは、経済的流通過程に乗せるという意味ですから、舞台の芝居で札ビラを撒くシーンのために偽札を作っても通貨偽造罪にはなりませんし、造幣局の偽札研究員が研究のために偽札を作っても通貨偽造罪にはなりません。このように、故意のほかにプラスして目的が必要な通貨偽造罪のような犯罪を「**目的犯**」と言います。

(3) ところで、われわれが通常に紙幣と言っている1万円札とか1000円札は、政府が発行する本来の紙幣ではありません。政府の認可によって日本銀行が発行している貨幣の代用証券で「**日本銀行券**」です。お札をよく見てください。そう書いてあります。

(4) 別に条文に明記されていませんが、従来からわいせつ罪は「**傾向犯**」という種類の犯罪だとされた結果、行為がわいせつ罪の構成要件に該当するためには、わいせつな主観的傾向が必要だとされました。D君は、B子さんが全く交際に応じてくれないので、復讐のつもりでB子さんの衣服を剥ぎ取って裸体にしたとしましょう。この場合、D君には復讐意思だけがあり、「性的な道義的観念に反する」という反倫理的動機の「わいせつな意思」はありません。つまり、D君には「わいせつ傾向」がないと言えます。そうするとD君は刑法典第176条の強制わいせつ罪にならないことになります。

(5) 類似の事件で、最高裁判所は、強制わいせつ罪の成立を否定しました（最判昭和45・1・29刑集24・1・1）。しかし、これはおかしいと思いませんか？ B子さんからすれば、辱[はずかし]めを受けたことに変わりありませんし、「D君はなんて卑猥なこと

をするの？」と思ったでしょう。わいせつ罪は、行為者のD君の事情から考えるのではなくて、被害者のB子さんの心情（気持ち）から考えるべきだと思います。B子さんからすれば、卑猥なことをされ、性的な自由つまり性的な自己決定権を無視されたことに変わりないのです。結局は、わいせつ罪を傾向犯と考えたことが問題でして、最高裁判所の判断は、この傾向犯説に固執した結果でしょう。最高裁判所の判断だからといって絶対に正しいわけではないのです。人権保障という刑法の使命を果たす判断が求められます。

　(6)　次に主観的要素としての「**心理的表出**」についてお話しします。偽証罪とは、例えば裁判所で証人宣誓をして意見陳述をするときに虚偽の陳述をすることです。刑法典第169条の偽証罪の保護法益は、国家の審判作用の適正性なので、虚偽の陳述をされることを禁止しているのです。さて、この場合の「**虚偽の陳述**」とは何なのかが問題ですが、通説・判例では、証人が**自分の記憶に反する事実を陳述**することとされています（大判明治42・6・8刑録15・735）。

　(7)　そこで例えば、C君が夜半に公園を散歩していたとしましょう。そうしたら、誰かが誰かをナイフで切りつけているところを見てしまいました。C君は、それが、D君がA君を切りつけていたと思ったのです。ところが、実際は、T君がA君を切りつけていたのが真実だったのです。さて裁判が始まりました。そこでC君が証人として裁判所に呼ばれて証言することになりました。C君は、自分が思ったとおりに、D君がA君を切りつけていたと証言しました。しかし、これは真実に反しています。では偽証罪でしょうか？　そうではありません。C君は

自分の記憶どおりに証言したのですから偽証罪ではありません。もしC君が、T君が切りつけていたと証言すれば、それは真実であるにも拘わらず偽証罪になります。偽証罪は、心理的表出を問題にする犯罪だからです。つまり、記憶に反することを陳述することが保護法益の刑事審判作用を侵害するからだとされています。このような犯罪を「**表現犯**」と言っています。

3. 客観的要素

（1）客観的要素の「**状況**」とは、例えば、刑法典第114条の消火妨害罪です。114条には、「火災の際に、消火用の物を隠匿し、若しくは損壊し、又はその他の方法により、消火を妨害した者」と書いてあります。「**隠匿**」とは物を隠すことです。そして、この犯罪は、「火災の際に」という状況が必要要件ですから、したがって、火事も何もないにも拘わらず、消防署に忍び込み、いたずらで消防車のタイヤに穴を空けたとか、消防用ホースを破いても、消火妨害罪にはならないわけです。単なる器物損壊罪（261条）です。

（2）「**社会的関係**」とは何でしょう？ 例えば、ある人が裸体で道路を走っているとします。公然わいせつ罪（刑法典174条）が成立するには、一般人が性的羞恥心を覚えるという「社会的関係」が必要なのです。「**条件**」とは、例えば、刑法典第230条の名誉棄損罪の場合、「公然と事実を摘示し」て名誉を傷つけることが名誉棄損罪の構成要件ですので「公然性」が条件です。D君が特定の数人に対してだけB子さんの悪口を言っても公然性がないので名誉毀損罪にはなりません。しかし、特定の多数

人とか不特定の数人に対する悪口は「伝搬性」がありますので、「公然性」が認められます。「**手段**」とか「**方法**」は、すでにお話ししてきたことから解るでしょう。暴行・脅迫という手段を用いて財物を奪えば窃盗罪ではなく強盗罪です。

4. 犯罪の種類

（1）行為形態によって犯罪の形態も異なります。通常、犯罪は行為という積極的な動作によって行われます。しかし、犯罪は消極的な態度によっても実現することができるのです。積極的態度による犯罪を「**作為犯**」、消極的な態度による犯罪を「**不作為犯**」として区別します。例えば、自分の乳飲み子に授乳しなければならない義務のある母親が、意図的に（故意に）授乳しないことによって乳飲み子を餓死させたとします。これが「不作為犯」の殺人罪です。これについては、7節で詳しく話します。

（2）「故意」による犯罪を「**故意犯**」、過失による犯罪を「**過失犯**」と言います。過失とは、「不注意によって」という意味で、過失犯は注意義務違反罪です。通常、犯罪として処罰されるのは故意犯が原則ですが、例外的に、不注意による犯罪も処罰してよいことになっています。刑法典第38条では、本文において「罪を犯す意思のない行為は、罰しない。」として故意犯の処罰を原則とすることを明言し、「ただし、法律に特別の規定がある場合には、この限りではない。」としていますが、この「但書」が過失犯のことを表明しているとされますので、過失を犯罪として処罰するためには、法律の明文規定が必要になります。

例えば、不注意で他人の生命を奪った場合は、刑法典第210条で「過失により人を死亡させた者は、50万円以下の罰金に処する。」とされています。故意と過失については後述します。

（3）構成要件が、現実に法益の侵害を想定している犯罪を「**侵害犯**」と称し、法益の侵害の危険性発生だけで足りるとする犯罪を「**危険犯**」と言います。危険犯は、更に、具体的な危険の発生を必要とする「**具体的危険犯**」と、行為があればそれだけで危険が発生したとみなす「**抽象的危険犯**」に分けられます。

（4）例えば、殺人罪、傷害罪、窃盗罪は「侵害犯」です。それぞれ、生命、身体ないし健康、財産という法益を侵害する犯罪です。刑法典第108条の現住建造物放火罪は抽象的危険犯です。現住建造物とは、現実に人が住んでいる建物か、<u>あるいは</u>誰か人が現在している建物のことで、このような建物に放火すれば、それだけで不特定または多数の人々の生命・身体・財産を侵害する危険性があるとされるのです。

（5）これに対して、刑法典第109条1項の非現住建造物放火罪（これは抽象的危険犯）ですが、それが自分の所有する建物の場合には具体的危険犯です。非現住建造物とは、人が住んでいなくて<u>かつ</u>誰も現在しない建物です。もっとも、抽象的危険犯は、具体的な危険がないにも拘わらず危険が発生したと国家がみなすフィクション規定ですので、国家主義的犯罪として批判があり、少なくとも危険の「**現実性**」が必要だとされています。例えば、大草原の真っただ中にある非現住建造物に放火したとしましょう。しかし、どこに不特定または多数の人々の生命・身体・財産に対する危険が発生したと言えるのでしょうか。少

なくとも危険の「現実性」が必要です。

　(6)　構成要件が一定の結果の発生を要件としている犯罪を「**結果犯**」と言い、身体的動作だけで足りるとする犯罪を「**挙動犯**」と言います。ほとんどの条文は、結果発生を想定しています。殺人罪・傷害罪・窃盗罪もそうです。これに対して、偽証罪（169条）は挙動犯とされています。記憶に反することを証言する（偽証）という態度（挙動）だけで充分とされます。刑法典第130条の住居侵入罪も挙動犯です。つまり、住居に侵入するという態度（挙動）だけで犯罪になります。ところが、通常、結果犯の結果が発生しない場合を未遂と言うのですが、住居侵入罪には未遂処罰規定があるのです（132条）。不思議ですね。詳細は、刑法各論の解説書で勉強してください。

　(7)　そのほか、構成要件の実現と同時に犯罪が完了し終了する犯罪を「**即成犯**」、行為が継続している限り犯罪が終了していない犯罪を「**継続犯**」、行為が終了し法益侵害が発生したが違法状態が続いている犯罪を「**状態犯**」と言います。ほとんどの犯罪は即成犯です。継続犯は、例えば刑法典第220条の監禁罪です。被害者が監禁されている限り犯罪行為が継続していますので、その間に正当防衛ができます。さて、D君がA君のスマホを盗みました。D君の行為は終了しA君の財産という法益も侵害されました。しかし、D君がA君の財物を違法に占有している状態が続いています。これが窃盗罪を状態犯とする理由です。この状態でD君がスマホを壊しても、別に器物損壊罪は成立しません。これを**不可罰的事後行為**と言います。目的犯・傾向犯・表現犯については、すでにお話ししました。

　(8)　通常、犯罪を行う主体は自然人で普通の人であることは

お話ししましたが、ある一定の「身分」を持っている人が行う犯罪があります。これを「身分犯」と言います。このなかでも、一定の身分があることによって初めて犯罪を構成する身分を「構成的身分」と言い、この身分を持っている人が行う犯罪を「**真正身分犯**」と称し、普通の人でも行うことができる犯罪を一定の身分があることによって更に刑罰が重くなったり軽くなったりする身分を「加減的身分」＊と言いますが、この身分を持っている人が行う犯罪を「**不真正身分犯**」と称します。

　＊実際には軽くなる条文規定はありません。

　(9)　例えば、収賄罪(197条)は、公務員という身分がなければ行えない犯罪ですから真正身分犯です。普通の人が職務に関してお礼に金品をもらっても収賄罪にはなりません。また例えば、普通の人が不注意で(過失で)自動車事故により他人を怪我させた場合は過失傷害罪(209条)ですが、業務者という身分を持っている人が怪我させれば業務上過失傷害罪(211条)となり、更に重い刑罰を科せられますので不真正身分犯です。

　(10)　そのほかに、一定の身分があると犯罪や刑罰が認められなくなる身分があり、これを「**消極的身分**」と言います。すでにお話ししたように、母親Tとその子Sとの間の「どろぼう」行為は刑罰を免除されますから、TとSは窃盗罪に関しては消極的身分者なわけです。また、D君が無免許で自動車を運転すれば道路交通法違反罪ですが、自動車運転免許保有者のA君が運転しても当然に許されますから、A君は消極的身分者です。

5.　故意と過失の狭間

　(1)　故意には、①D君がC君という特定の人を傷害するという確定的な結果を意識する「**確定的故意**」と、②不確定な結果を意図する「**不確定的故意**」の2種類があります。②は更に、群衆のなかの誰が怪我をしてもかまわないと思って石を投げる②-1「**概括的故意**」と、A君かB子さんのどちらかに石が当たって怪我すればよいと思って投げる②-2「**択一的故意**」があります。

　(2)　更にD君がA君からスマホを奪う場合に（ここまでは窃盗の故意）、もしA君が抵抗したらA君を殴って奪うつもりのところ、実際にそうなった場合の強盗罪の故意、つまり②-3「**条件付故意**」があります。このほかに、「**未必の故意**」がありますが、これは、過失について説明しないと理解できませんので、この話は後回しにします。

　(3)　次に、過失の種類についてですが、まず「通常過失」と「**業務上過失**」があります。通常人が犯す注意義務違反が「通常過失」で、一定の業務に従事している人が犯す注意義務違反を「業務上過失」と言います。業務上過失犯は通常過失犯よりも重く処罰されます。その根拠は、いろいろな見解がありますが、業務者には通常人よりも特に高度な注意義務が課されているからだとされています。「**業務**」とは、「社会生活上の地位に基づき継続して行う事務」とされ、その範囲がどんどん拡大されていますので、無免許で初めて私的に車を運転することも「業務」とされます。

（4）　ところで、「確定的故意」は、結果発生という事実を確定的に認識し認容している場合ですが、「**未必の故意**」とは、結果の発生を認識してはいても結果の発生を漠然とだけしか認容していない場合のこととされています。したがって、いずれにしても事実の認識と事実の認容があれば「故意」に変わりはないことになります。そこで、「**故意**」は、犯罪事実の「**認識・認容**」と定義されるのが現在の通説・判例です。

（5）　それでは何故「故意」には「認識」だけではなくて「認容」までも必要なのでしょうか。それは、過失との関係が原因なのです。本来、過失とは、不注意で犯罪事実を全く認識しない「**認識なき過失**」のことでした。そこで例えば、D君が屋根の上から瓦を投げおろす作業をしていたところ、向こうの方からA君が歩いてきた状況を想定してみましょう。

（6）　この場合、D君が瓦を、①A君に怪我をさせるつもりで当たるように投げ下ろす場合（確定的故意）と、②A君に当たるかもしれないが、当たったら当たったで怪我させてもかまわないと思って投げ下ろす場合（未必の故意）と、③A君に当たることはないと思ったけれども不注意に投げ下ろしたのでA君に当たって怪我をさせた場合（認識なき過失）が考えられます。

（7）　しかし、結果の発生という構成要件的事実の「認識」の有無だけで考えて区別すると、①②が故意で③が過失ということになり、きわめて明快に①②と③を区別することができます。ところが、④D君が、A君に当たるかもしれないが、まあ当たることはないだろうと思いながら瓦を不注意に投げ下ろしたところA君に当たって怪我をさせた場合はどうなるのでしょうか。

（8）「瓦がA君に当たるかもしれない」という結果発生の事実「認識」の有無だけで区別しますと、②④のどちらも場合も瓦がA君に当たるかもしれないことを認識している点では共通していますから区別がつきません。しかし、②は「未必の故意」で故意犯ですが、④は「不注意で」投げたのですから過失犯のはずです。ところが、②には結果発生の認容がありますが、④には結果発生の認容がありません。したがって、結果発生の認容の有無で考えれば②と④を区別することができます。そこで、「故意」は結果発生の「認識」のほかに「認容」もある場合だけれども、「過失」は結果発生の「認識」はあっても「認容」のない場合であると考えれば、④も過失の一種だとして区別することができます。

（9）つまり、結果発生の認識ではなくて、認容があるかないかで故意と過失を区別することにしたのです。そして、このような④の場合を「認識ある過失」として過失犯類型にしたのです。そうしますと確かに概念としては「未必の故意」と「認識ある過失」の振り分けはできますが、実際には、結果発生を認識はしているけれども認容が漠然としている**未必の故意**の場合と、認容が全くない**認識ある過失**の場合との間の区別が難しいという現実問題が残ります。

（10）先ほどの事例のD君が屋根の上から瓦を投げ下ろす作業を考えましょう。D君は、投げ下ろした瓦がA君に当たるかもしれないと思いました。ここまでは、傷害結果の発生の認識がありますから、D君の意図は、傷害罪の故意なのか認識ある過失なのかのいずれかです。傷害結果の認容があれば故意犯で、認容がなければ過失犯です。では、A君に当たってA君が怪我

をすることは望まないが、もしも当たって怪我をするとすれば、それはそれでかまわないと思って（認容して）瓦を投げ下ろす場合はどうでしょうか。

（11）認容があるけれども認容が漠然としているので、故意と認識ある過失との区別は紙一重ですね。小説家の**志賀直哉**の短編小説のなかに「**范の犯罪**」という物語があります。「未必の故意」と「認識ある過失」との境界線を見事に語る内容です。志賀直哉は刑法学にも精通していたのですね。

（12）しかし、例えばD君が、復讐のために器物損壊の故意をもってA君が所有するボートを破壊しましたが、乗客が死傷することは望まず認容しなかったとします。しかし、D君には乗客が死傷することは当然に認識できたはずでしょうから、認識はあるが認容がないという理由で過失致死罪にすべきでしょうか。殺人の未必の故意はあるはずです。過失は、認識なき過失に限定すべきで、結果発生の認識があれば、認容がなくても故意を認定すべきではないでしょうか。認識ある過失という領域を作り出したことに問題があるように思います。

6.　予想外のできごと（錯誤）

6-1.　錯誤の態様

（1）さて、誰にも思い違い（錯誤・錯覚）ということはあります。例えば、D君がC君をA君と間違えて名前を呼びかけるとか、A君と思って名前を呼びかけたらC君だったとか。刑法の世界でも自分が思っていたことと違ったことをしてしまったとか、思ったことと違った結果が発生してしまったということが

あります。

　(2)　例えば、㋑D君が、夜間の薄暗い公園でボール投げの練習のつもりで彫刻のような物に向かって石を投げたところが、実はそれは彫刻ではなくてA君という「人」だったので、A君に怪我をさせてしまった場合とか、㋺魚釣りの好きなD君が、魚釣りが許されていると思ってある池で魚釣りをしていたところ、その池は養魚池で一般人の魚釣りは禁止されていたので、罰金をとられてしまったとかいう場合があります。

　(3)　㋑の場合を「事実の錯誤」ないし「**構成要件的錯誤**」と言い、㋺の場合を「法律の錯誤」または「**違法性の錯誤**」ないし「**禁止の錯誤**」と言います。㋺の場合は、法律で許されていないことを許されていると誤解した場合ですが、これについては後述することにして、今回は㋑の錯誤についてお話ししますが、㋑の場合も、(a) 同じ構成要件内部での錯誤（**具体的事実の錯誤**）と、(b) 異なった構成要件の間の錯誤（**抽象的事実の錯誤**）があります。そして、それぞれに①**客体の錯誤**、②**方法の錯誤**、③**因果関係の錯誤**があります。

　(4)　例えば、(a)-①は、D君が傷害を負わせる故意でA君をC君だと思い違いして石を投げてA君を怪我させた場合、あるいはC君をA君と勘違いした逆の場合、(a)-②は、D君が傷害の故意でA君に石を投げたところが、石がそれてA君の横にいたC君に当たってC君を怪我させてしまった場合、あるいはC君に投げたところA君に当たってしまった逆の場合です。どちらも、行為の対象はA君・C君という「人」です。

　(5)　(b)-①は、D君が、彫刻を壊す故意でA君を石だと思い違いして投げたところA君を怪我させた場合、あるいはそ

の逆の場合、(b)-②は、D君が、彫刻を壊そうと思って石を投げたら石がそれて傍のA君に当たってA君に怪我をさせた場合、あるいはその逆の場合です。この場合は、行為の対象が「人」と「物」という違いがあります。

(6) (a)-①と(a)-②は、いずれも「人」に対する傷害罪(204条)という構成要件内部での錯誤ですし、(b)-①と(b)-②は、いずれも「人」に対する傷害罪(204条)と「物」に対する器物損壊罪(261条)との間の錯誤です。

(7) ③は、D君が認識していた因果系列と違った因果系列で故意を実現した場合ですが、この場合に1個の行為の場合と2個の行為の場合があります。例えば、D君がA君を殺害するつもりでナイフによって斬りつけるという1個の行為をしただけですが、実はA君は血友病で出血が止まらずにそれが原因で死亡した場合があります。つまり、D君にとっては、自分が思っていた殺傷とは違い、A君の病気という事情が加わって死亡するという予想外の因果系列を辿って死亡結果が生じたわけです。この場合、殺人罪が成立しますが、因果関係については、後ほどお話しします。2個の行為の場合については次項(3)で話します。

6-2. 錯誤の解決策

(1) 次に錯誤の解決策ですが、見解が分かれていますので、多数意見と判例を中心にお話しします。(a)-①の場合は、A君もC君も「人」に変わりがないので傷害罪で処断します。(b)-②の場合は、A君に対する傷害未遂罪とC君に対する傷害罪を認めるのが多数説です(殺人罪につき、最判昭和53・7・刑集

32・5・1066)。この見解を**数故意犯説**と言います。

(2) (b)-①と(b)-②の場合はどちらの場合も、前者は器物損壊罪の未遂と過失の傷害罪、後者は傷害未遂罪と過失の器物損壊罪で処断します。もっとも、器物損壊罪の未遂罪規定はありませんし、過失の器物損壊罪の規定もありませんので、結論的には、前者は過失傷害罪、後者は傷害未遂罪ですが、傷害罪の未遂罪規定はないので、刑法典第208条の暴行罪の規定の趣旨に従って暴行罪になります。

(3) ところで、因果関係については後述しますが、③の因果関係の錯誤の1個の行為の場合については先ほど話しました。問題は、2個の行為の場合です。例えば、S君が殺害の故意でA君の首を絞めた(1個目の行為)のでA君が意識を失ったのですが、D君はてっきりA君が死んでしまったと思いこみ、A君を運んで川に投げ入れた(2個目の行為)ところ、実はA君はまだ生きていて、水をのみ込み溺死したという場合です。

(4) これについての解決策は1個目の行為と2個目の行為の間に相当因果関係(後述します)があれば1個目の行為の故意犯1罪を認めるのが通説ですが、1個目の行為の殺人未遂罪と2個目の行為の過失致死罪もしくは遺棄致死罪とするのが妥当と思われます。

7. 不作為犯とは何なの？

7-1. 不作為犯のいろいろ

(1) 犯罪は、通常は積極的な動作つまり行為によって実現する「**作為犯**」ですが、消極的な態度によっても実現できること

はお話ししました。例えば、母親が自分の乳飲み子にその死を認識・認容しながら授乳しないで死亡させれば殺人罪になる（大判大正4・2・10刑録21・90）ことをお話ししました。これが「**不作為犯**」です。この場合、どうして母親が殺人罪になるかと言いますと、母親には自分の乳飲み子を養育する法律上の義務がある（民法典877条）ので、「自分の子を殺してはいけません」という禁止規範に直面しているわけです。それにも拘らず禁止規範を破ったのですから、これは、積極的動作すなわち行為によって禁止規範を破った場合の「作為犯」と価値的に同じであるとされるからです（**同価値性**）。

　（2）また、法律的な義務は、「〜しなさい」という命令規範で示されている場合もあります。例えば、D君が病気で動けなくなった年老いた母親Qの世話を全くしないで死亡させたとしますと、D君は、刑法典第218条「老年者、幼年者、身体障害者又は病者を保護する責任のある者がこれらの者を遺棄し、又はその生存に必要な保護をしなかったときは、3月以上5年以下の懲役に処する。」という規定が示している「〜保護しなさい」いう命令規範を受けている人ですから、この「母親を保護しない」という命令規範を消極的な態度の「不作為」で破ったことになり、D君は**保護責任者不保護罪**となります。

　（3）あるいは、D君がこの母親のQさんを「姥捨て山」の物語のように山中に捨てて来たとしますと、やはり第218条の**保護責任者遺棄罪**になります。その結果、Qさんが死亡してしまったとしますと、刑法典第219条によって保護責任者遺棄等致死罪という犯罪になります。このように、命令規範を不作為で破った場合を①「**真正不作為犯**」、禁止規範を不作為で破った

場合を②「不真正不作為犯」と言います。

（4）ところが、①の場合には、誰が保護を命令されているかは条文から明白に読み取れますが、②の場合には、誰が法的に「〜してはいけません」と義務づけられているかは条文からは読み取れません。例えば、D君が、友人X・Y・Zと一緒に4人で散歩していたところ、小川で自分の5歳になる弟C君が溺れそうになっていたとします。日ごろからC君を憎んでいたD君は、そのまま放っておけばC君が溺れ死ぬということを知りながら、それに同調する友人たちと一緒にそのまま通り過ぎたところ、案の定C君が溺れ死にました。

（5）さて、C君が死ぬことを認識・認容していた4人のうち誰が殺人罪になるのでしょうか？　この場合、「死」という構成要件的結果の発生を防止する法的な義務を持っている「**保証者**」とされる人が殺人罪とされるのですが、D君は弟のC君を助ける「**作為義務**」を（民）法的に課されていますから、D君が不真正不作為犯の殺人罪になります。

（6）しかし、誰が殺人罪とされる保証者なのかは刑法典第199条の殺人罪の規定には書いてありません。この点が、真正作為犯と違う問題点なのです。保証者を勝手に推定することは類推解釈で罪刑法定主義違反となりますから許されません。罪刑法定主義の「明確性の原則」からしても、保証者となる地位を理論的に類型化しておく必要があります。

7-2. 不真正不作為犯の作為義務

（1）その類型は、およそ次のように考えられています。①**法令**が根拠となる場合です。D君は、弟Cを助ける義務が民法典

第877条に明記されていますので保証者となりますが、X・Y・ZはC君にとっては他人ですから、道徳的には助ける義務はありますが、法的には助ける義務はありません。したがって、D君が第199条の殺人罪となります。

(2) ②**契約**などによって看護とか保護を事実上引き受けた人も保証者になります。例えば、民法典第877条の親族でなくても病人Fを自宅に引き取って治療・保護することにした人（X）には、Fが死ぬことがないように保護する法的な義務が発生します（大判大正15・9・28刑集5・387）から、もしXがFの世話をしないことによってFが死亡すれば、Xは刑法典第219条の遺棄等致死罪か、場合によってはFの死を容認していれば不真正不作為犯の殺人罪（199条）になります。

(3) ③**条理**（社会常識・社会通念）による場合があります。いくつかの事例でお話ししますと、③-1 不注意で他人の物を燃やしてしまった人には、当然に消火する保証者的地位がありますから、そのまま逃走すれば不真正不作為犯の放火罪になります。これは、不注意な失火という「**先行行為**」から発生する保証者的地位の場合です。

(4) ③-2 自動車運転中に不注意で通行人Eを怪我させたD君は、一旦車から降りてEを抱き起こして助けようと思ったけれども、そのまま放置したのでその結果Eが死亡したとすると、D君は、死の認識・認容があれば不真正不作為犯の殺人罪、死の認識・認容がなければ真正不作為犯の遺棄等致死罪になります。

(5) ③-3 民法典では第1条2項で「権利の行使及び義務の履行は、信義に従い誠実に行わなければならない。」と規定さ

れています。これを「**信義誠実の原則**」と言い、民法上の大原則とされていますが、刑法の世界でも拘束力を有しています。例えば、D君は、3500円の品物を買った際に5000円札を出しましたが、店員が間違って2500円のおつりをくれたので、D君は、しめしめ儲かったという下心から、そのまま2500円をサイフに入れて帰りました。この場合、D君は、不真正不作為犯の詐欺罪になります。いわゆる「**つり銭詐欺**」と言われる事例です。

(6) 通常、詐欺罪は、「欺く」(だます)という積極的態度によって、相手に虚偽のことを真実だと錯覚(錯誤)させて財物を取得するのですが、すでに相手が錯覚(錯誤)に陥ってしまっている状態を利用しても詐欺罪なのです。この場合、D君は、信義誠実の原則に従い、余分につり銭をもらったことを告知する法的な義務があるのです。その義務を破って余分なつり銭を着服したのですから、作為犯の詐欺罪と同価値性があるとされて不真正不作為犯の詐欺罪になるのです。

(7) 保証者となるかどうか最もむずかしい場合が、④**慣習**による場合です。例えば、店員を雇用して同居させていた使用者は、その店員が病気になった場合には、慣習上、この店員を保護すべき地位にあるとされました(大判大正8・8・30刑録25・963)。密接な相互補助関係が保護義務の根拠のようです。もっとも、同じ登山同好会のDとAが一緒に登山をしたときにAが怪我をすれば、当然にDはAを救助する義務があると言えるでしょうから、DがAを救助も保護もしないでそのまま置いてきぼりにした結果Aが死亡したとしますと、保護責任者遺棄致死罪か、もしDにAの死亡の認識・認容という故意(犯意)

があれば不真正不作為犯の殺人罪になります。

　(8)　問題は、登山口で偶然に出会った他人同士のDとAが
「一緒に登りましょうか」と言って登り始めた場合です。とこ
ろが途中でAが怪我をしたとしましょう。さてDはどのよう
な立場・地位にあるのでしょうか。むずかしい問題ですね。D
とAとの間に密接な生活関係があるかどうかでDの保証者と
しての地位の有無が決まりますが、単なる出会いがしらの同行
の場合には、Dには保証者的地位はないでしょう。道徳的には
救助するべき義務はありますが、法的な義務はありません。結
局は、相互関係の親密性と偶然性の程度を比較して、法的な補
助関係に相当するか否かを考えるしかないでしょう。

第4話　原因と結果の関係

1.　因果関係とは

（1）原因と結果との間の関係を「**因果関係**」と言いますが、われわれの日常生活においても、因果関係がはっきりしないと困ることが沢山あります。例えば、A君は、最近とても太って肥満体になり、中性脂肪も増えてコレステロールの数値が上がり体調が優れない日々となり、医師に相談したところ、このような結果になったのは、外食で脂質の多い肉類ばかり食べて野菜不足だったことが原因であることが判ったとします。

（2）このままの状態ですと、重病になると医師に言われたA君は、食生活を改める決意をしました。しかし更に、このような食生活の結果を招いた原因は何なのかと考えました。それは、受験を控えた忙しさと精神的ストレスで、ついつい簡単な外食に頼った上に、やけ食いをしたことが原因だと判りました。そこでA君は、精神的ストレスの解消に努め、野菜中心の食生活を実行したところ、体調が健康になってきました。

（3）つまり、ある事実（結果）と原因との関係を明白にすることが重要なのです。例えば、B子さんが精神的な悩みからノイローゼになったとします。それは、D君からの毎日の嫌がらせ

の無言電話が原因だということが判りました。D君の無言電話をかけるという行為は、物理的な有形力の行使ではありませんが、それがB子さんのノイローゼという健康障害を生じさせたのです。傷害は生理的機能を害することなので、心的外傷後ストレス障害（PTSD）を与えたD君は、刑法典第204条の傷害罪を行ったことになるわけです。

　（4）このように、ある行為（原因）と犯罪結果（法益の侵害）との間の関係を、刑法の世界では原因の「因」と結果の「果」を結び付け「**因果関係**」と称します。つまり、この因果関係がないと構成要件該当性が認められないのです。ある行為が原因となって、そこからある結果が生じたことが確定しないと、犯罪を肯定することができないのです。ドイツでは、逆にこの場合は、ある結果がある行為に客観的に遡って帰属する関係として論じられています。これを「**客観的帰属論**」と言っています。

2.　因果関係の確定

　（1）それでは、（原因）行為と結果との間の因果関係はどのようにして確定するのでしょうか。日本の判例は、古くから「**条件説**」と言って、「PがなかったならばQはなかったであろう」（ラテン語でconditio sine qua nonと表示します）という関係さえあれば、P（原因行為）とQ（結果）との間に刑法上の因果関係があるとされてきました。この思惟形式をconditio（コンディティオ）方式と言っています。

　（2）先の事例では、「D君の無言電話がなかったらB子さんはノイローゼにならなかっただろう」と言えますから、D君の

無言電話とB子さんの病気の間には傷害罪の因果関係が認められるわけです。ところが、条件説には困った問題があるのです。例えば、①XとYが意思連絡もなく時間差もなくA君のコーヒーに各自が致死量の毒薬を入れたのでA君が死亡した場合とか、②XとYが意思連絡もなくA君のコーヒーに致死量の半分ずつ入れた結果A君が死亡した場合です。

　(3)　さて、conditio方式で考えてみますと、①の場合、「Xの行為がなければA君の死はなかったであろう」とは言えませんし、「Yの行為がなければA君の死はなかったであろう」とも言えませんね。どちらも致死量の毒薬を入れたのですから、どちらの行為がなくてもA君は死亡するからです。そうしますと、Xの行為とA君の死亡との間にも、Yの行為とA君の死亡との間にも因果関係がないことになりますから、XもYも殺人罪に問われなくて無罪になります。これはおかしいですね。

　(4)　②の場合は、XとYの毒薬が一緒になって初めて致死量になるわけですから、「Xの行為がなければA君の死はなかったであろう」と言えますし、「Yの行為がなければA君の死はなかったであろう」とも言えますので、Xの行為とA君の死亡との間にも、Yの行為とA君の死亡との間にも、因果関係が認められることになり、XもYも殺人罪になります。

　(5)　しかし②の場合、Xの単独行為だけでも、Yの単独行為だけでも致死量には満たないのですから、XもYも殺人には失敗するので2人は殺人未遂罪のはずです。それにも拘わらず両人を殺人（既遂）罪で処罰することになるのはおかしいわけです。ここに条件説の弱点があるのです。なお、XとYに意思連絡がある場合には、①②ともに殺人罪の共同正犯（後述します）です。

①を「択一的競合」ないし「累積的因果関係」、②を「重畳的因果関係」と言います。

（6）そこで、①の場合には、XとYの行為を択一的に論ずるのではなくて、全体として累積的に論ずることにして、「XY全体の行為がなければA君は死ななかったであろう」と考えれば、PQ思惟形式が当てはまりますから、XもYも殺人罪になります。②の場合も、意思連絡はなくても、偶然性がなければXもYも殺人既遂罪にしてもよいでしょう。

3. 相当因果関係説

（1）以上のような配慮をするのではなくて、行為Pと結果Qとの間の関係を一般的・経験的に考えて、因果関係に相当性があるかないかによって因果関係の有無を判断する方が妥当であるとの意見が学説では支配的になりました。この考え方を「**相当因果関係説**」と言います。もっとも、更に相当性の判断基準を何に求めるのかについて意見が分かれていまして、(a) 行為者の主観を基準にする「主観説」、(b) 客観的事実を基準にする「客観説」、(c) 主観的・客観的に判断する「折衷説」がありますが、(c) 説が妥当とされています。

（2）例えば、D君がA君に怪我をさせるつもり（傷害の故意）でA君をナイフで切りつけたところが、実はA君は血友病患者だったので出血が止まらず死亡してしまった場合、(c) 説によれば、①D君も一般人もA君の血友病を知らなかった場合はD君の行為とA君の死亡との間の因果関係は否定され、②一般人は知っていたがD君は知らなかった場合と、③一般人

は知らなかったがD君は特に知っていた場合には、D君の行為とA君の死亡との間の因果関係が認められます（傷害致死罪）。

　（3）　このように、被害者のA君が持っている血友病という特殊事情がD君の行為と結果との間に介在しても、判例の条件説からすれば、そもそもD君の行為さえなければA君は死ななかったはずですから、行為と結果との間の因果関係は認められやすいことになり、①被害者の心臓疾患という特殊事情が介在しても暴行行為と被害者の死との間の因果関係を認めた判例もありました（最決昭和 36・2・21 刑集 25・4・564; 最判昭和 46・6・17 刑集 25・4・567）。

　（4）　それでは、②被害者A君自身の行為がD君の行為と結果との間に介在した場合はどうでしょうか。例えば、医師資格のないD氏の指示に従い、風邪を引いたA君自身が体温を上げる不注意なことをして気管支肺炎になり心不全で死亡した場合（柔道整復師事件：最決昭和 63・5・11 刑集 42・5・807）、スキューバダイビング講習中に、指導者D氏の不注意によってはぐれたA君が指導補助者と共に移動中にボンベの空気を使い果たして溺死した場合（夜間潜水事件：最決平成 4・12・17 刑集 46・9・683）もD氏の行為とA君の死亡との間の因果関係が認められました。

　（5）　更に、③D君がA君の頭に傷害を負わせたところ、第三者の医師T氏の不注意な治療行為が介在して、その結果A君が死亡した場合にも因果関係が認められました（大判大正 12・5・26 刑集 2・458）。このように、条件説の思惟形式を当てはめますと、傷害致死罪のような結果的加重犯の場合には、ほとんどについて因果関係が認められてしまうことになります。

(6) このように条件説のconditio方式の思考形式によってすべての因果関係を肯定できるとすれば処罰範囲が広がりすぎますので、何らかの制約をしなければなりません。そこで、①行為が持っている結果発生の確率の大小、②介在事情の異常性の大小、③介在事情の持っている結果に対する寄与度の大小、の3点を総合的に判断して因果関係の有無を決めることにしています。

(7) 例えば、D君がT君を助手席に乗せて自動車を運転していたとします。ところが、D君が通行人のA君をはね上げてしまい、D君はそれに気づかずにA君を車の屋根に乗せたまま走行を続けていたところ、助手席のT君が屋根の上のA君に気づき、T君はA君を真っ逆さまに引きずり下ろしたので、A君はアスファルトの舗装道路に転落して頭部打撲によって死亡しました。この場合、確かに①D君の行為は重大で結果発生の確率は大きいです。

(8) しかし、①A君の頭部打撲がD君の運転中の衝突によるものか、その後の道路面への転落によるものかは不明ですし、②D君の行為とは無関係に助手席のT君がA君を引きずり下ろす行為は異常性が大きいです。しかも、③舗装道路に引きずり下ろす行為はA君の死亡結果に対して寄与度が大きいです。以上の3点を総合的に考慮した判例は、D君の行為とA君の死亡との間の因果関係を否定してD君の傷害致死罪を認めないで、単なる業務上過失致死罪としたのです（最決昭和42・10・24刑集21・8・1116）。刑法は不思議な世界ですね。

第5話　犯罪は違法な行為です

1.「違法」と「不法」

　(1)「違法」ということは、読んで字のごとく「法に違反すること」です。しかし、法は刑法に限りません。民法も法です。ですから、「**違法**」とは、民法も刑法も含めた「法秩序全体に対する違反」と考えてください。そして後述しますが、民法上の違法と刑法上の違法には差異があります。そこで、民法上の不法行為、刑法上の不法行為というように表現を区別することもあります。

　(2)　ドイツ語では、違法性のことをRechtswidrigkeitと表現します。すでにお話ししたように、Rechtは「法」でしたね。widrigとは「違反する」という形容詞です。keitは名詞形を作る接尾語です。ところが、違法性は「法秩序全体に対する違反」ですから、個別具体的な刑法上の違法が、必ずしも民法上でも違法であるとは限りません。そこで、民法上の違法を民法的不法、刑法上の違法を刑法的不法と書いたり読んだりすることがあります。不法は、ドイツ語ではUnrechtと表現します。Unは、否定ないし反対を意味する接頭語です。「可能な」möglichという言葉にunをつけてunmöglichとすれば、「不可

能な」という意味になります。英語でも「可能な」ableにunをつけてunableとすれば、「不可能な」という意味になることは知っていると思います。

　(3)　それでは、民法的不法と刑法的不法との違いは何でしょうか。実は、刑法的不法の方が民法的不法よりも範囲が狭いのです。何故かと言いますと、刑法的不法に対しては、生命を奪うとか、身体・自由・財産を拘束ないし制約する厳しい刑罰をもって対処します(刑法典9条)が、これに対して、民法的不法に対する制裁は、「損害賠償」という財産的な責任追及なのです。民法典第709条には「不法行為による損害賠償」という表題で「故意又は過失によって他人の権利又は法律上保護される利益を侵害した者は、これによって生じた損害を賠償する責任を負う。」と規定されています。

　(4)　このように、刑法上の不法は故意犯が原則(38条)でしたが、民法上の不法は故意・過失を問いません。そこで、軽微な違法行為は民法で解決することにして、重大な違法行為だけを犯罪として刑法で解決することにしているのです。例えば刑法典第261条の「器物損壊罪」の条文を見てみますと、それは、故意犯の規定だけで過失犯の規定はありません。そこで、もしD君が不注意でA君のカメラを壊したとしますと、この場合を処罰する条文規定は刑法典にはありませんから、D君の行為は刑法上の不法行為ではないのですが、民法上では第709条によりD君の行為は不法行為ですから、D君はA君に損害賠償をしなければなりません。つまり、D君の行為は法秩序全体からすると違法性(**質的違法性**)があるのです。つまり、刑法的な不法行為ではないけれども民法的な不法行為ですから、D君の行為

には違法性があるのです。刑法で刑罰を科するほどの違法性（**量的違法性**）がないというだけの話なのです。

（5）よく男女の不倫問題が新聞やテレビで報道されますね。明治・大正・昭和20年までは、妻が不倫をすると刑法で処罰されたのです。姦通罪と言いました。戦後は、男女平等の原則に従って、夫が不倫した場合にも処罰する案もありましたが、刑法が関与する問題ではないとの理由から、姦通罪が刑法から削除されました。刑法典第183条には今でも姦通罪の削除規定が残っています。

（6）それでは、夫婦の一方の不倫（不貞行為）は違法ではないのでしょうか。刑法においては不法行為ではありませんが、民法では不法行為ですので、不倫には違法性があるのです。民法典第770条では、その第1項1号には「配偶者に不貞な行為があったとき」として、いわゆる不倫が離婚原因とされていますから、不倫は民法上の不法行為であり法秩序全体に対する違法行為なのです。このように、民法と刑法は相互に補充しながら法秩序の安定のために機能しているのです。不倫は違法ではないとして平気でいることは間違っているのです。

（7）それでは、刑法上の違法性とは、どのようにして観察するのでしょうか？　刑法の条文には、「〜した者は」「〜に処する」というように、「〜した」という行為と、それに対する刑罰しか書いてありません。したがって、「違法」ということはどのようなことかについては、何も書かれていないのです。何に違反すると「違法」なのでしょうか。そこで、「規範（Norm）」という話を思い出してください。

（8）どのような条文にも、書かれてはいない不文の規範が隠

れているということはお話ししました。窃盗罪第235条には「盗ってはいけません」、傷害罪第204条には「傷害してはいけません」、殺人罪第199条には「殺していけません」、保護責任遺棄罪第218条には「保護する責任のある者は、保護をしなさい」というように、禁止規範や命令規範が隠れています。実は、「違法性」とは、この隠れた規範に客観的に違反することなのです。つまり、「違法性」とは単なる各条文の刑罰法規違反という形式的なものではなくて、規範違反という**実質的違法性**を言うのです。

　(9)　このことを『規範とその違反』(*Die Normen und ihre Übertretung*) という膨大な著書で主張したのが、オーストリー出身のドイツの刑法学者のフランツ・フォン・リスト (音楽家のリストは彼の従兄弟) です。彼は、それ以前の、ヨハン・アンセルム・フォン・フォイエルバッハと共にドイツ刑法学の父と称されるほどになりました。

　(10)　例えば、A君が散歩中に他人の庭先に咲いているコスモスの花に魅入られて一輪だけ盗ってしまったとしましょう。形式的に考えますと、「他人の物」を「盗った」ことに変わりありません。そうすると、刑罰法規違反を違法であると考えれば、A君は違法行為をしたことになり、「どろぼう」となります。しかし、われわれの社会では、このようなA君の行為は許しています。つまり、違法性は、社会通念的な世界まで降りてきて実質的に判断するのです。その上で、規範は、何が許され何が許されないかということを実質的に評価し、その評価に従って意思形成をしなさいと言っているわけです。盗むことは許されないから盗まないように意思決定しなさいと国民を義務づけ

ているわけです。

2.　許される違法性はあるのか？

　(1)　刑法の条文に規定されている行為は、そもそもが違法な行為の類型ですので、条文に該当する（構成要件該当の）行為は、原則として違法であると推定されますから、公訴する（裁判所に訴える）検察官は*、その該当行為について逐一違法性を証明する必要はないわけです。ですから公訴を提起する（裁判を起こす）検察官は、起訴状（裁判を起こし訴える書面）に被告人（構成要件該当者）の氏名と公訴事実（条文に規定されている構成要件事実）と罪名を記載すればよいわけです**。

　＊公訴は検察官しかできません（刑事訴訟法 247 条）。

　＊＊刑事訴訟法第 256 条参照。

　(2)　したがって、違法ではないことを主張するのは被告人（検察官から違法行為をしたとして訴えられた人）でして、違法ではない事由を説明する必要があります。実は、刑法典には、違法性についての積極的な規定はありません。逆に、違法性をないことにする事由だけが規定されているのです。この違法性を許す事由を「**違法性阻却事由**」と言います。条文に該当する行為をした人が、自分は正当なのだと主張する場合には、この違法性阻却事由の存在を主張するので、このとき初めて、検察官は、被告人の行為の違法性を物的に証明しなければなりません。つまり、被告人が主張する違法性阻却事由が存在しないこと、すなわち違法性を積極的に証明することになるわけです。

(3)　もっとも上記1節の(8)(10)でお話ししたように、被告人の行為は、違法性阻却事由とは別に、形式的には違法のようでも実質的に許される場合が考えられます。社会通念的には相当だと思われる行為だとか、法益侵害の程度が微量な行為は違法だとして犯罪にしなくてよいわけです。すでにローマ法には、**「法官は些事を取り上げず」**(de minimis non curat praetor)とか**「法律は些事を配慮しない」**(de minimis non curat lex)という原則がありました。他人の庭先の花一輪を盗ることに対して刑法がいちいち関与する必要はないということです。前節でお話しした量的な違法性が少ない場合です。このように、形式的には違法性があるようでも刑罰を科すほどの違法性がない場合のことを**「可罰的違法性」**がない問題として考えています。

　(4)　明治時代に、政府に納入すべき葉タバコ（価格1厘相当）を納入しなかったタバコ専売法違反事件（**1厘事件**）で違法性を否定された判決がありました（大判明治43・10・11刑録16・1620）。これに対して当時の大審院は、このような「零細なる行為は、…刑罰の制裁を加うる必要はなく…罪を構成せざるもの」だとしました。これは、違法性の量的な問題です。

　(5)　問題は、質的には刑法上で違法であっても、何か特別な事情があれば許される場合です。この場合は、単なる社会通念だけでは説明できませんので、条文で明記しておく必要があります。これが、上述の「違法性阻却事由」です。刑法典では、このような場合を「正当行為」（35条）、「正当防衛」（36条）、「緊急避難」（37条）という表題で規定しています。これらの「違法性阻却事由」について、順次お話ししていきましょう。

3. 正 当 行 為

　(1)　刑法典第35条には、「法令又は正当な業務による行為は、罰しない。」とされています。「**正当行為**」と言われます。どのような行為なのでしょうか。例えば、①**法令行為**として、**職権・職務行為**により死刑を執行する者の行為は殺人罪の違法性がありません。われわれ私人でも現行犯を逮捕することは、われわれの**権利・義務**なので逮捕監禁罪の違法性が阻却されます（最判昭和50・4・3刑集29・4・132）。競輪・競馬の車券や馬券の販売および宝くじ券の発売は、国家・地方公共団体の経済的**政策**によるもので賭博罪の違法性が阻却されます。

　(2)　②**正当業務行為**としては、医師の手術としての**治療行為**は傷害罪の構成要件該当性はありますが違法性が阻却されます（構成要件該当性がないとの見解も強いです）。スポーツ行為の例えばボクシングは、暴行罪の構成要件に該当しますが違法性が阻却されます。

　(3)　③すでにお話しした「**同意**」と「**承諾**」は違法性を阻却する場合があります。ただし、これらは、目的の正当性（治療行為ならば健康回復という目的）と法益保護（治療行為なら健康法益の保護）と手段・方法の相当性（治療行為なら最新の是認されている医術）が条件ですから、これらのいずれかを欠如すれば違法性は阻却されません。つまり、行為の相当性と法益の均衡性（法益の衡量）の点から許されるか許されないかが判断されます。なお、「同意」に関しては尊厳死（従来の安楽死）の問題がありますので、後ほど詳しくお話しすることにします。

4. 正当防衛

4-1. 概　　観

（1）この言葉は読者のみなさんもよく知っていると思います。例えば、B子さんが公園を散歩中に、D君が突然にB子さんを抱きしめて無理やりキスをしようとしたので、B子さんは合気道の術を使ってD君を投げ倒して怪我をさせたとします。刑法典第36条1項には、「急迫不正の侵害に対して、自己又は他人の権利を防衛するため、やむを得ずにした行為は、罰しない。」と規定されています。

（2）「**権利**」とは「保護法益」のことです。「罰しない」とは、違法性がない（違法性を阻却する）から罰しないという意味です。警察官のような公権力の救済を待っていては時間的に法益を守ることができない場合の緊急行為として私人の防衛行為を認めているのです。この場合、B子さんの行為は、貞操という法益を守るためにD君に反撃した暴行傷害ですから違法性が阻却されてB子さんは無罪になります。

（3）ただし、第2項では、「防衛の程度を越えた行為は、情状により、その刑を減軽し、又は免除することができる。」とされていますから、防衛行為が過剰になりますと、違法性を阻却せずに犯罪は成立するけれども刑罰だけは減免することができるとされています。この場合を「**過剰防衛**」と言います。例えば、B子さんが防衛のためにバッグの中からハサミを出してD君を切りつけてD君に重傷を負わせた場合です。B子さんの行為は違法性を阻却されずに傷害罪に該当しますが、事情によ

っては刑が軽くされたり刑が免除されたりします。しかし、傷害罪という罪名は残ります。

（4）ところでみなさんは、正当防衛とは攻撃された自分個人の問題だけだと思ってはいませんか？ しかし、第36条1項の条文には、「自己又は他人の権利を防衛するため」として、「他人の権利」の防衛も認めています。これは、「法は、不法に譲歩する必要はない」という法原則の表われでして、「他人に対する攻撃であっても、その違法状態を知らん顔して静観することは『法』（＝正義）を侵害し不法を容認することになるので防衛しなさい」と言っているのです。これを「**法確証の原理**」と言っています。

（5）ですから、B子さんがD君に襲われている場合には、その付近にいる人々もB子さんを防衛するべきなのです。もっとも、現実にはなかなか困難な場合が多いですから無理をしないでください。周辺の人々を呼びよせて一緒に防衛することを勧めます。多数の人の力は強いものです。

4-2. 正当防衛の要件

4-2-1. 急迫不正の侵害

（1）さて、正当防衛が成立するために刑法典第36条1項はいろいろな要件を挙げています。①急迫な侵害があること、②不正な侵害があること、③自己または他人の権利を防衛するためであること、④やむを得ずにした行為であることです。これらの要件の1つでも欠けると正当防衛にはなりません。

（2）まず第1に、侵害の①「**急迫性**」が必要ですので、過去や未来の侵害に対しては正当防衛することはできません。「急

迫」とは「現在」と同じ意味です。ただし、もしも侵害が発生すれば作動する防衛装置の事前設定は許されると言われています。

　(3)　次に、②「**侵害**」でければなりませんが、通常、「侵害」とは人の「行為」のことですから、動物とか自然現象に対する正当防衛は認められません。しかし、D君の飼い犬がB子さんに襲いかかってきた場合はどうすればよいのでしょうか。すでにお話ししたように刑法の世界では犬は「物」ですから、この犬の襲撃はD君の故意または過失に基づく物による「侵害」ですので、D君に対する防衛としてB子さんは犬(物)を蹴飛ばしてもよいわけです。飼い主のいない野良犬が襲ってきた場合は、正当防衛に関係なく野良犬に反撃してもかまいません。もっとも、動物愛護法上の苦情問題が出るかもしれません。

　(4)　第3に、③「**自己又は他人の権利を防衛するため**」の防衛が必要です。この「**他人**」に自然人のほかに「法人」が含まれることは当然ですが、③-1 この「権利」すなわち「**法益**」には、個人的法益(生命・身体・自由・財産)のほかに社会的法益と国家的法益も含まれるのでしょうか。例えば、D君がA君の家に放火しようとしていたとしましょう。放火罪の保護法益は、不特定または多数人の生命・身体・財産という社会的法益ですが、この場合にC君がD君の放火を阻止しようとすることは当然に許されるべきでしょうし、「どろぼう待て～！」と言って逮捕しようとしている警察官に暴力を振るっているD君にA君が止めに入った場合は、公務執行妨害罪という国家的法益を防衛したのですが、A君の防衛行為は認められるべきでしょう。

　(5)　もちろん、国家の利益は国家自身が守るべきですから、

あまり個人に国家の防衛を委ねると政治的に利用される危険性がありますので、よほどの緊急性とか必要性そして相当性がなければ認めるべきではないでしょう。上記の2つの事例の場合は、A君とか警察官という個人の生命・身体・財産が危険にさらされていますので、個人的な法益を防衛することに等しいですから、許されても当然なのです（最判昭和24・8・18刑集3・9・1465 参照）。

4-2-2.　防衛の意思

（1）次に、③-2反撃は「防衛するため」ですから、正当防衛には「**防衛の意思**」が必要だと言われています（大判昭和11・12・7刑集15・1561）。そうしないと、防衛のためではなくて「防衛」を口実に他人を攻撃することが許されてしまうからです。したがって、「**偶然防衛**」も「防衛の意思」がないので許されません。

（2）例えば、D君が自分の方に歩いて来るC君を傷害の故意で積極的に攻撃しようとして隠し持っていた竹刀でD君を殴って倒して怪我をさせたとします。ところが実は、C君の方が先にD君を故意に傷害しようとしてポケットにナイフをしのばせて歩いてきていたのです。そうすると、結果的にD君は偶然にC君の攻撃を防衛したことになったわけですが、D君には「防衛の意思」はなかったのですから、D君に正当防衛を認めて傷害罪の違法性を阻却することはできません。もっとも、常に明白な防衛の意思を持つことは稀ですから、興奮・狼狽による反撃も防衛の意思は認められます（最判昭和46・11・16刑集25・8・996）。

4-2-3. やむを得ない行為

(1) ④「**やむを得ずにした行為**」でないと正当防衛が認められません。これは、反撃が「必要最小限度の手段」であることの意味です。この点で、故意に相手方の行為を挑発しておいて、それに反撃する「**挑発防衛**」ないし「**自招防衛**」は認めるべきではないとされます。もっとも、不注意（過失）で相手方の行為を誘発してしまった場合には、「防衛行為の必要性」の観点から正当防衛を認める余地はあります。

(2)「喧嘩」は、以前には「喧嘩両成敗」の原則に従って正当防衛が認められませんでしたが、その後には、認められる場合があるとされました（最判昭和23・7・7刑集2・8・793; 最判昭和32・1・22刑集11・1・31）。防衛行為が「**過剰防衛**」になることはすでにお話ししました。相手が下駄で打ちかかってきたので匕首（アイクチ＝短剣の類）で反撃して相手を死亡させた事例（大判昭和8・6・21刑集12・834）は「**質的過剰**」の防衛ですし、相手が殴ってきたので一撃の反撃で相手を倒して相手の攻撃が止まったにも拘わらず更に追撃行為をしたので相手が死亡した事例（最判昭和34・2・5刑集13・1・1）は「**量的過剰**」の防衛です。

(3) なお、例えば、B子さんが5歳の子供の誕生日に夫A氏の帰宅が遅いので先に寝ていたところ、夜中に誕生日祝いの玩具のバットを振り回しながら帰ってきたA氏を強盗だと誤解してB子さんが床の間の花瓶を投げつけてA氏に怪我をさせた場合を「**誤想防衛**」と言いますが、これについては、考え方が分かれていますので、別稿で詳しくお話しします。

5. 緊急避難

5-1. 概　　要

（1）違法性が阻却される場合として「**緊急避難**」があります。刑法典第37条には、「自己又は他人の生命、身体、自由又は財産に対する現在の危難を避けるため、やむを得ずにした行為は、これによって生じた害が避けようとした害の程度を超えなかった場合に限り、罰しない。」とされています。「罰しない」とは、多数説と判例では、違法性が阻却されるから罰しないという意味です（違法性阻却ではなくて責任阻却だという少数意見も強いです）。緊急避難も正当防衛と同様に緊急行為の一種です。どちらも、警察官のような公権力の救済を待っている時間的余裕がない場合です。

（2）ただし、正当防衛は、不法な攻撃をしてくる相手に対する反撃ですが、緊急避難は、危難の発生源（正当防衛の場合は攻撃者）とは違う他人の第三者に対して危難を転嫁する場合ですので、違法阻却事由とするのはおかしいという意見も強いのです（少数説）。例えば、A君が町中を歩いていたらビルの上から物が落ちてきたとしましょう。物が頭に当たれば死ぬかもしれないので、それを避けようとして横に飛びのいて落下物から避難したのですが、その避ける行為によって傍にいたC君を転倒させてしまい、C君に怪我をさせてしまったのです。

（3）C君としては、えらい迷惑な話ですので、こんなA君に違法性がないと言ってよいのでしょうか？　正当防衛は、不正（攻撃行為）対正（反撃行為）の関係ですが、緊急避難は、正（避難

行為）対正（第三者）の関係なので、違法性を阻却するのではなくて、違法性はあるが責任が阻却されるのだという議論の争いが生じるのです。つまり違法性阻却事由か責任阻却事由かの争いです。

5-2. 法益衡量

（1）そこで、第37条をもう一度よく読んでみましょう。「やむを得ずにした行為は、これによって生じた害が避けようとした害の程度を超えなかった場合に限り、罰しない。」とされています。5-1.（3）の事例では、A君が避難した行為から生じた害は、C君の怪我（身体傷害）ですが、A君が避けようとした害は生命です。この場合、A君は、生命という法益を守るためにC君の身体ないし健康という法益を侵害したのです。法益としては、生命の方が身体よりも大きいのでA君の行為は許されるのです。

（2）もし逆に、落下物が衣服に当たると衣服が汚れるような絵具のような物の場合に、A君がそれを避けるために傍にいたC君を倒して怪我をさせた場合は、生じた害（身体の怪我）が避けようとした害（衣服という財産侵害）を超えてしまっていますから許されないわけです。つまり第37条は、法益の権衡性（バランス）を要求しているわけです。

（3）法益侵害は違法性の問題であることはお話ししました。そうすると、第37条は、法益を問題にしていますから、責任阻却事由ではなくて違法性阻却事由の条文だと言えます。もちろん5-1.（3）の事例でも、第三者のC君は、迷惑な侵害を受けたわけですから、民法典第709条によってA君に財産的な損

害賠償を請求することができます。A君は、刑法では違法性がありませんが、民法では違法性が残っているわけです。このような場合でも、刑法と民法は助け合って法秩序を維持していることになります。

（4）それでは、「財産」と「財産」、「身体」と「身体」、更には「生命」と「生命」というような同じ法益が対立したときはどうなるのでしょうか。例えば、D君は購入したばかりの高級な新車の上に樹木が倒れてきそうになったので車を急発進してその場を離れたのですが、C君の中古車にぶつけて壊してしまったとします。この場合は「財産」対「財産」の場合ですが、財産的な価値の比較衡量は可能ですので、A君の緊急避難を認めて違法性を阻却しても許されるでしょう。

（5）しかし、「身体」とか「生命」という法益の場合には比較衡量することはできません。この点については、例えば、紀元前2世紀頃に哲学者が提起した「カルネアデスの（舟）板」の問題として今日まで議論されてきました。古代の木造船が嵐で難破して乗客が海に放り出され、そのうちの1人のXが1枚の舟板にしがみつきました。そこにもう1人のYが舟板にしがみつこうとしました。ところが、この舟板は1人分しか浮力がないので、2人がしがみつけば舟板は沈みます。そこでXは、自分だけ助かろうとして、Yを舟板から押しのけたので、Yは溺死してしまいました。

（6）この場合、Xは緊急避難として①違法性は阻却されるでしょうか、それとも②違法性はあるけれども責任だけが阻却されるのでしょうか。いずれにしても、犯罪は成立しませんが、後者②の場合にはXは違法行為ですので、YはXに対して正当

防衛が可能です。ストーリーは違いますが、「カルネアデスの舟板」と題する松本清張の短編があります。自分だけ窮地を免れようとする面白い小説ですので読んでみてください。

5-3. 問 題 点

（1）ところで、緊急避難もまた正当防衛と同様に、「やむを得ずにした行為」でなければ違法性は阻却されません。しかし、緊急避難の場合は、「正」対「正」の関係ですから、正当防衛よりも更に厳格な要件でなればならないとされています。第1に、この行為以外に法益を守る方法がない唯一の行為であること、第2に、この行為が必要最小限度の手段として必要だったことと考えられています。

（2）第1の要件を「**補充性の原則**」と言い、第2の要件を「**最小限度必要性の原則**」と言っています。そこで、危難が降りかかってきた場合に、もしも、①どこかに退避することができる、②誰かに救助を頼むことができる、③危難そのものを除去することができる、という場合には、第三者に危難を転嫁することは許されないでしょう。

（3）また、緊急避難にも自分で危難を招いてしまった「**自招危難**」の問題があります。例えば、D君はB子さんの留守宅でガス自殺を試みましたが、途中で思い直して窓を壊して脱出して生命を取り戻したとしましょう。この場合には、生命を保護するために財産を侵害したのですから、緊急避難を認めて器物損壊罪の違法性を阻却してもよいでしょう。つまり事案によって個別的に処理することが望まれます。

（4）そして、緊急避難にも避難の意思が必要と言われていま

す。なお、警察官・消防職員・自衛官・船長と船員は、「業務上特別の義務がある者」なので、それぞれの業務に関して危難が発生しても、刑法典第37条2項によって、緊急避難は認められません。

6. 同意（承諾）と違法性

6-1. 概　　要

（1）被害者が自分の物を「盗ってもいいよ」と同意をすれば窃盗罪にはならないということはお話ししました。このように「**同意**」ないし「**承諾**」があれば犯罪にならないことがあります。これは、「**同意は違法を作らず**」(Voleti non fit injuria) というローマ法の原則に由来するものです。したがって、「同意」ないし「承諾」も違法性阻却事由の一種です。

（2）しかし、窃盗罪を成立させない「同意」は、不文の構成要件要素だということをお話ししました。ですから、「同意」は、構成要件該当性を阻却する場合と、違法性を阻却する場合があることになります。窃盗罪のほかに、住居侵入罪（130条）、信書開封罪（133条）、逮捕・監禁罪（220条）、強制性交等罪（177条）などの成立を否定する「同意」は構成要件阻却事由です。もっとも、同意には、**任意性**と**真意性**が必要ですから、錯誤とか欺罔に基づく同意は無効ですので、**偽装心中**は、だました者の殺人罪です（最判昭和33・11・21刑集12・15・3519）。

（3）また、「同意」があることを構成要件要素としている犯罪もあります。例えば、同意殺人罪（202条）と同意堕胎罪（213条）です。これら以外の「同意」が違法性を阻却する「同意」と

して考えられます。しかし、このように、構成要件該当性を阻却する「同意」は構成要件から明白ですが、違法性阻却事由の「同意」は記述されていませんから、理論的に枠組みをする必要が出てきます。

(4) 「同意」が違法性を阻却するためには、第1に、承諾者が個人的に処分することができる法益に限りますから、社会的法益の犯罪（例えば放火罪）と国家的犯罪（例えば内乱罪）については「同意」は違法性を阻却しません。第2に、個人的法益の犯罪でも、すでにお話ししたように、生命と身体に関する犯罪については「同意」は違法性を阻却しません。森鷗外の『高瀬舟』を読んだ人は理解できると思います。

(5) 第3に、「同意」が違法性を阻却するためには、「善良の風俗」とか「社会通念」に反しない方法であるかどうかを「法秩序全体の精神に照らし」て判断することになっています（最大判昭和48・4・25刑集27・4・547）。ですから、例えば借金の免除の代償に指1本を切り落とすことに同意したとしても、傷害罪の違法性は阻却されません。第4に、承諾者が「同意」の意味を理解できる者（同意能力者）に限定されますから、幼児や精神障害者の「同意」は無効です。

(6) ですから、3歳の子供に「もうこの世は絶望的だから死にましょう」と言って同意を得て殺害しても殺人罪に変わりありません。第5に、強制的に「同意」させても、意思の自由に基づく「同意」ではないので違法性を阻却しません。問題は、「推定的承諾」です。例えば、A君が、散歩中にある家から煙が出ているのを見て火事だと思い、その家の玄関のドアを壊して家のなかに入り消火した場合です。もし家人が現場にいたら

承諾することは推定されますから、このように、目的の正当性・方法の相当性・必要性・緊急性・補充性があれば、住居侵入罪と器物損壊罪の違法性を阻却してもよいでしょう。

（7）治療行為の一環としての手術は、患者の同意があれば身体傷害罪の違法性を阻却してもよいとされています（構成要件該当性阻却という見解が強いです）。もちろん、この場合にも、目的の正当性・行為の相当性・必要性・緊急性・補充性が必要です。問題は、回復の見込みのない病者の「同意」を得て行った医師の治療行為が患者の生命を短縮させた場合です。項を改めて考えましょう。

6-2. 安楽死と尊厳死

（1）上記の問題は、古くから「安楽死」の問題として議論されてきました。しかし現在は、「尊厳死」の問題として議論されています。何故かと言いますと、「**安楽死**」は患者に肉体的苦痛のある場合の問題で、「**尊厳死**」は患者に肉体的苦痛のない場合の問題ですが、今日、医学の飛躍的な発達の結果、患者の肉体的苦痛が著しく減少したことによって、安楽死問題は尊厳死問題に解消されているからです。

（2）歴史的には、アメリカのニュージャージー州の最高裁判所における 1976 年のクインライン・カレン事件が契機です。日本でも、安楽死協会は 1983 年に尊厳死協会に名称変更されました。安楽死と尊厳死についてお話ししておきますと、「**消極的安楽死**」は、医師が治療行為を放棄することですが、今日では、自然死・尊厳死として、患者の「同意」があれば同意殺人罪の違法性が阻却されます。同意がなければ不作為の殺人罪

です。

　(3)「**間接的安楽死**」は、例えばモルヒネ注射を治療行為の方法として行うことによって結果的に患者の生命を短縮した場合ですが、患者の同意があれば同意殺人罪の違法性が阻却されます。患者の同意がないのに医師があえて行えば、それは**専断的治療行為**として違法性が出てきます。

　(4)　問題は「**積極的安楽死**」です。患者の苦痛を緩和する手段として人為的に生命を短縮したり、生命短縮を手段として患者の苦痛を緩和する場合です。積極的安楽死に関する最初の事案は、昭和 37 年 12 月 22 日の名古屋高等裁判所の判決（高刑集15・9・674）でしたが、問題点が多く指摘された結果、東海大学病院事件に対する横浜地方裁判所の判決が新しく注目されています（横浜地判平成 7・3・28 判時 1530・28; 判タ 877・148）。

　(5)　この判決では、(a) 積極的安楽死の要件と (b) 尊厳死の要件が示されました。(a) の要件は、①患者に耐えがたい激しい肉体的苦痛が存在すること、②患者の死が避けられずかつ死期が迫っていること、③患者の肉体的苦痛を除去・緩和するために方法を尽くし他に代替手段がないこと、④生命の短縮を承諾する患者の明示の意思表示があること、です。

　(6)　(b) の要件は、①患者が治療不可能な病気に冒され、回復の見込みもなく死が避けられない末期状態にあること、②治療行為の中止を求める患者の意思表示が存在し、治療の中止を行う時点で存在すること、③どのような措置をいつ中止するかは、死期の切迫の程度、当該措置の中止による死期への程度を考慮して決定されること、です。もっとも、「生前の意思」(living will) と死直前の意思の異同の問題や患者が意思を表明

できないときの問題、患者の意思決定の前提として必要な「(医師の) 充分な説明と (患者の) 理解」(インフォームド・コンセント informed consent) の可否の問題があります。

第6話　犯罪には有責性が必要です

1.　刑事責任とは？

1-1.　責任の意味

（1）　日常の世界でも「君、責任とれよな」とか「貴女、責任とってよね」とか言いますよね。例えば、D君とA君とC君がバス旅行をすることにしたとします。東京駅午前8時30分発の観光バスに乗るために午前8時にバス乗り場に集合することにしましたが、3人分の切符を用意していたD君が朝寝坊をして出発時間を過ぎてもバス乗り場に来ないので、バスは発車してしまいました。3人はついに旅行に行けなくなりました。けれども、1万3000円の旅行代金はすでに旅行会社に支払い済みですので、A君とC君は怒って、遅れてきたD君に「お前、何で遅れたんだよ。責任とってくれよな」と責めました。D君は、どうすれば責任を果たせるのでしょうか。

（2）　この場合、友達どうしなので、許し合うこともできますが、それがだめなら民法的に解決するしかありません。民法上の責任（民事責任）は、お話ししたように、故意又は過失による不法行為に対して金銭による損害賠償をして責任を果たすことです（民法709条）。D君の約束違反は、民法に準ずるならばバ

ス旅行代金をA君とC君に弁償することになるでしょう。しかし、刑法上の責任（有責性）すなわち「刑事責任」は、金銭とか物で償うことはできません。罰金はあくまで刑罰です。D君の日常的な責任問題には関係しません。

（3）刑事責任は刑罰によって償いますから、民事責任よりも厳しいです。ですから、民法では、故意か過失かを問わず不法行為として一律に損害賠償責任を科しますが、刑法では、故意犯が原則で、過失犯は特別な条文規定がある場合に限る例外ですから、刑事責任は故意責任が中心です。問題は、この刑事責任の実質です。D君の約束違反に対する責任には、「どうして約束を破ったんだよ」という道徳的な非難が付随します。刑法上の違法性は、規範違反であることはお話ししました。窃盗罪の場合ですと、「盗んではいけません」という不文の禁止規範を破ることでした。そこで、もしこの規範を破れば、「どうして盗んだりしたんだよ」という非難が発生します。そうすると、道徳の世界でも刑法の世界でも、責任には規範違反に対する「非難」という評価が必然的に伴います。

（4）もちろん、刑法上の規範は道徳的規範ではなくて法規範で、刑事責任は「法的責任」ですので、道徳的責任とは異なる次元の高いものです。ですから、刑事責任には「刑罰根拠づけ機能」があるとされます。それだけではありません。責任の量を超えた刑罰を科すことは人権保障上許されませんので、刑事責任には「刑罰限界機能」がありますし、刑罰は責任の量に応じて科されますので、刑事責任には「刑罰量定機能」があると言われます。この3つの機能を基礎づけるのが「**責任原理**」または「**責任原則**」とされています。

(5)　そして刑事責任は、規範違反的行為に対しての行為者に人格的に負わされる事態であり、「**非難**」ないし「**非難可能性**」という評価を基礎づける事態であると言われてきました。このような考え方を「**規範的責任論**」と言います。ところが最近、このような考え方に疑問が出されています。何故かと言いますと、責任の具体化として責任を伴う「非難」というものは、「盗んではいけませんよ」という規範を守ることもできることが前提になっています。「盗まないこともできたのに、どうして盗んだの？」というのが「非難」です。つまり、「盗む」という違反行為ではなくて「盗まない」という他の行為の可能性（「**他行為の可能性**」）が前提になっているのです。

　(6)　約束時間に違反したD君は、約束を実行するという「他行為の可能性」があったにも拘わらず遅れたので、「どうして約束を破ったんだよ」と（道徳的に）非難されるのです。しかも、人間の行為は意思の実現ですから、「他行為」を表出する「他決意」の「可能性」が前提です。つまり、盗まない決意も盗む決意もどちらの決意も自由にできることが前提です。これを「**意思（決定）の自由**」と言います。なお、法律の世界では、「意志」とは書かずに「意思」と書きます。責任非難は、意思決定の自由が前提になっています。

　(7)　ところが、過去の具体的・個別的な盗む行為の瞬間に盗むか盗まないかという意思決定の自由が「どろぼうする人」にあったかどうかを事後になって第三者の裁判官が証明することができるでしょうか。そのような内心の事情は、本人と神様（もし存在すれば）しか知らないことですよね。このように過去の具体的・個別的な行為の時点における行為者の主観的な内心

状態を外部から客観的に証明することができないとすると、責任を追及して「非難」することができなくなります。

　(8)　こうして、規範的責任論に対する疑問が出て来たわけです。その上、最近では、盗むか盗まないかの決定をしているのは、人間の意思ではなくて脳という物質がしているのだという脳科学者の自由意思幻想論が出てきました。このような考え方を、自由意思論に対して**決定論**と言います。そうしますと、自由意思が否定されますから、責任も非難も否定されてしまいます。したがって、責任とは何なのかという問題が振り出しに戻ることになります。そして、従来の責任と非難についての見解が間違いだとしますと、刑罰を科すことができませんので、刑罰無用論になりますから、刑罰に代わる何らかの**処分**が必要となります。

　(9)　確かに、19世紀後半以降にも決定論はありました。イタリヤ学派のロンブローゾという人は、犯罪人は生来的に犯罪を行うように遺伝学的に決定されているという「生来犯罪人説」という「犯罪人類学」を唱えましたし、それにフェリーやガロファロなどの学者が続き、刑罰のない保安処分一元論を説きました。このように、犯罪を客観的に研究するのではなくて、犯罪人その者を主観的に研究する重要性を主張した学派を、それまでの古典学派に対して近代学派と称しました。この学派の説く刑法理論を主観主義刑法理論と言いますが、やがて、客観主義刑法理論が優位に立ってきて、今日に至っています。

　(10)　しかも、日本だけではなくて、ほとんどの国の刑法典は刑罰を認めています。そこで、決定論に従えば、責任と非難は無用でも刑罰は必要だという奇妙な考え方を採るしかありま

せん。このように、責任とは何かという問題は、現在では揺れ動いているのです。意思と行為は、人ではなくて脳のなかの神経が決定しているという「ニューロン決定論」*によれば、刑事責任は否定されますので、刑罰に代わる処分か秩序維持のためだけの刑罰を必要とすることになります。

＊ 詳細は、拙著『自由意思と刑事責任―脳科学を顧みて―』八千代出版 2017 年参照。

（11）なお、因果関係は、結果を行為に客観的に帰属させることができるかという客観的帰属の問題であることをお話ししましたが、責任は、行為者に責任を主観的に帰属させる問題なので、主観的帰属ないし主観的帰責の問題と言われる場合もあります。この意味で、違法は客観的に、責任は主観的に判断すると言われるわけです。

1-2. 責任を免れる（阻却される）ことはあるのか？

（1）違法性と同様に、責任についても刑法典には積極的な条文規定はありません。ですから、行為が刑法の条文の規定に該当すれば、その行為は原則として違法性があり、条文に規定する違法性阻却事由があれば例外的に許されるのと同様に、行為の違法性が確定すれば、その行為者には原則として責任があり、条文に規定する責任阻却事由があれば、例外的に責任を阻却されることになります。

（2）すでにお話ししたように、構成要件該当性と違法性と責任は、犯罪成立の要件ですから、違法性か責任が阻却されると犯罪は成立しません。そして、日本の刑法典に規定されている

責任阻却事由は、第39条1項の「**責任無能力**」の規定だけで、それ以外は、理論上の責任阻却事由しかありません。しかも、第39条は、1項で「心神喪失者の行為は、罰しない。」、2項で「心神耗弱者の行為は、その刑を減軽する。」とされているだけで内容は全く不明です。

　（3）　第41条の「14歳に満たない者の行為は、罰しない。」という規定については、みなさんも解ると思います。これは、刑事責任年齢の規定です。諸国によって相違はありますが、日本では、14歳未満の人は、まだ規範意識も乏しく事の是非善悪の判断が未熟なので、客観的に違法性が認められたとしても責任を問わずに許してあげましょうという規定です。「罰しない」とは、責任（能力）がないから処罰しないという意味です。

　（4）　しかし、「責任能力」とは何かという積極的な概念定義の条文もありません。罰しない場合の消極的な規定しかありません。しかも、「心神喪失者」とか「心神耗弱者」の意味も明記されていません。そこで、日本の刑法はドイツ刑法をモデルにした刑法ですので、ドイツ刑法の規定のような解釈をしています*。「**心神喪失者**」とは、責任能力がない人（責任無能力者）のことで、①「精神の障害」によって②「行為の是非善悪を弁別する能力」がない人、または③「弁別に従って行為する能力」がない人のことです（大判昭和6・12・3刑集10・682）。

　　＊　ドイツ刑法典の第20条では、「精神的障害による責任無能力」と題して、「行為の実行に際して、病的な精神的障害により、深刻な意識障害により、精神薄弱もしくはその他の重篤な精神的な変質により、行為の不法を洞察もしくはその洞察に従って行為する能力がない者は、責任なくして行為する者である。」

と規定されています。

（5）つまり刑法典第39条は、①の生物学的要素と②③の心理学的要素の混合方式の規定ということです（スイス刑法やオーストリー刑法も採用）。②を弁識能力、③を制御能力と言います。①「精神の障害」とは、精神病（総合失調症・躁うつ病・脳梅毒・脳挫傷・アルコール中毒・てんかん・認知症など）や意識障害（病的酩酊・激情状態）およびその他の障害（知的障害＝精神薄弱・神経症・精神病質）のことです。「**心神耗弱者**」とは、「精神の障害」により弁別能力か弁識能力が著しく低い人のことです。「**限定責任能力者**」とも言います。

（6）もっとも、「心神喪失」も「心神耗弱」も**法律的概念**で生物学的概念ではないので、その該当者か否かについては、精神科の専門医師の鑑定意見を参考にしますが、その最終的な決定は法律家の裁判官がします。なお、責任能力のあるD君が責任能力のない3歳の子供に「あそこのお店からキャラメルを盗っておいで」と言って盗らせた場合は、3歳の子供は、刑法典第41条により犯罪者ではなくなりますから、この子を利用したD君が「どろぼう」の間接の正犯者です（後でお話しします）。

1-3. 問　題　点

（1）ところで、責任能力は、行為をする時点で存在しなければならないとされています。これを「**行為＝責任同時存在の原則**」と言います。そうすると、D君が、お酒を沢山飲んで自分を「完全酩酊状態」にして散歩中のB子さんに抱きついてキスをした場合、キスをするという行為時点ではD君には責任能力

がありませんので、D君は責任を阻却されて強制わいせつ罪にはならずに無罪になるのでしょうか。

(2) しかし、酒を飲み始めた（原因）時点では、弁識能力も制御能力もあり自由意思がありますので無罪にするのは疑問です。これが、「**原因において自由な行為**」という刑法上の難問でして、その解決策には、大きく分けますと、**(a) 原因行為説**と**(b) 結果行為説**があります。先ほど、3歳の子供にキャラメルを盗らせたD君が「どろぼう」の間接正犯だというお話をしましたね。実は、(a) 説は「**間接正犯モデル説**」なのです。

(3) つまり、D君は、正常な自分(D1)を3歳の子供に相当する(D2)状態（道具相当）にして、その(D2)を利用してB子さんにキスをしたのですから、（3歳児相当の）(D2)状態のD君ではなくて、(D1)状態のD君が強制わいせつ罪の（間接）正犯であるわけです。これを通称「**道具理論**」とも言います。しかし(a) 説は、飲酒時点で実行の開始（着手）を認めるわけですから、D君がB子さんにキスをする故意で酒を飲み始めた時点で強制わいせつ罪の実行に着手したことになりますが、そのまま眠ってしまってキスしなかった場合にも強制わいせつ罪の未遂罪となるので問題です。

(4) これに対して、(b) 説は、「**責任遡及モデル説**」とも言われますが、責任非難は原因設定行為まで遡ってすることができるとしながらも、結果を発生させた責任無能力状態の行為を「未遂犯を基礎づける行為」としますので、途中で眠ってしまったD君は、強制わいせつ罪の未遂犯にはなりません。もし眠らずにキスをしてしまえば、強制わいせつ罪の責任非難が肯定されます。(b) 説にもいろいろな見解がありますが、専門的な

話になりますので止めておきます。詳しくは、刑法総論の専門書を読んでください。

　(5)　他方、「心神耗弱」状態を利用した場合が問題です。例えば、D君が完全酩酊状態ではなくて酒酔い状態でB子さんに無理やりキスをした場合です。(a)説によれば、D君の「酒酔い状態＝D2状態」は、「心神喪失状態＝道具状態」ではないので、道具理論を適用することはできず、単純に刑法典第39条2項を適用することになります。

　(6)　そうしますと、完全酩酊状態(弁識能力と制御能力のない無意識状態)を利用すれば強制わいせつ罪で6月以上10年以下の懲役になりますが、酒酔い状態(弁識能力と制御能力が若干はある状態)を利用すれば、第39条2項によって刑罰が減軽されることになります。これはおかしいですね。無意識状態の行為が、若干にでも意識ある状態の行為よりも重く処罰されるからです。そこで判例は、酒酔い運転の事案について道具理論によらずに第39条2項を適用しませんでしたし(最決昭和43・2・27刑集22・2・67)、実行行為の途中で心神耗弱状態に陥り人を殺害した事案についても第39条2項を適用しませんでした(東京高判昭和54・5・15判時937・123)。

2.　もうひとつの錯誤（違法性の錯誤）

2-1.　錯誤の考え方

　(1)　第3話6.で事実の錯誤または構成要件的錯誤については話しましたが、これとは別に「許されない」ことを「許される」と錯誤する「違法性の錯誤」ないし「禁止の錯誤」があると

述べたと思います。例えば、D君が、登山中に採取禁止法規の立て札に気がつかなかったので、法的には許されていない採取禁止の高山植物を採っても許されると思い採集した場合です。どうなるのでしょうか。

　(2)　実は、これは刑法でも議論の多い難問なのです。この問題の解決は、刑法典第38条3項の「法律を知らなかったとしても、そのことによって、罪を犯す意思がなかったとすることはできない。ただし、情状により、その刑を軽減することができる。」という規定をどのように解釈するかによるのです。つまり、故意（犯意）の内容の問題です。ところが、この解釈については見解が分かれていますので、解決の仕方も違ってきます。

　(3)　(a) **事実認識説**は、「法の不知は許さない」(Ignorantia legis neminen excuat) というローマ法の格言を基礎にした見解で、日本の判例は、この立場を採ってきました。この説は、条文の「法律」を「法規」と「違法性」の両方を含むと考えますので、D君は立て札（法規）に気づかなくても禁止法規違反の故意があったとされて刑事責任を負います。(b) **自然犯・法定犯区別説**は、自然犯については(a)説に従い、法定犯（行政犯）については「法の不知を許す」ことにします。採取禁止の法規は行政刑法で刑事刑法ではありませんから、D君は禁止法規違反の故意責任がなかったとして許されます。

　(4)　(c) **厳格故意説**は、故意の成立には事実認識と厳格な違法性の意識が必要だとします。そして、第38条3項の「法律」は「法規」と解釈し、法規を知らなくても違法性の意識があれば故意責任を肯定します。D君が採取禁止の法規を知っていた場合と、知らなくても「高山植物を採るのは悪いことだ」と思

っていれば違法性の意識が認められますから刑事責任が問われますが、法規も知らず「悪いことだ」と思ってもいなければ（違法性の錯誤）、故意責任は否定されます。

　(5)　しかし(c)説ですと、カッとなって犯行する激情犯人・同じ犯罪を繰り返す常習犯人・自分の行為を正しいと信じ込み犯罪をする確信犯人などは、違法性の意識が無いか薄いですから、故意責任を問うことができなくなり問題です。例えば、185条の単純賭博罪(とばく)（50万円以下の罰金又は科料）よりも186条の常習賭博罪（3年以下の懲役）の方が重い刑罰にも拘わらず、(c)説によれば常習賭博者の方が違法性の意識が乏しいので、刑事責任が軽くなるという矛盾を来します。

　(6)　(d)**違法性の過失説**は、過失（不注意）によって違法性を意識しなかった場合は故意と同等に扱う見解です。そして、過失の程度が軽い場合には責任を減少させるというのが第38条3項但書の意味だとします。(e)**制限故意説**は、事実認識さえあれば、通常人ならば違法性の意識は可能なので、故意に厳格な違法性の意識は必要ではなくて、意識の可能性さえあれば良いとします。D君が正常な人間ならば、そもそも高山植物を採ることは許されないと思うはずですから法規違反の故意責任が認められます。

　(7)　(f)**厳格責任説**は、(a)から(e)までの学説と違って、故意を責任の要素ではなくて構成要件の要素と考え、その構成要件的故意の要件は「事実認識」だけであって、「違法性の意識」は故意の要件ではなくて独立の責任要素であると考えます。そして条文の「法律」は「法規」と「違法性」の両方を含むと解釈します。D君は、高山植物を採るという事実認識はありますか

ら、採取禁止法規違反の構成要件的故意は肯定されます。（g）**制限責任説**は、構成要件的事実を構成要件の積極的事実と構成要件の消極的事実（従来の違法性阻却事由に相当）とに分けます。そして構成要件的故意は、この積極的事実の認識と消極的事実の<u>不認識</u>と考えますので、許されないにも拘わらず許されると<u>認識</u>（消極的事実＝従来の違法性阻却事由を認識）しますと、構成要件的故意が阻却されます。したがって、D君は、高山植物を採集しても許されると認識したのですから、高山植物を採るという積極的事実の認識があっても、採っても許されるという消極的事実の認識があったので、結論的には採集禁止法規に違反する構成要件的故意がないことになり、したがって故意犯の構成要件該当性がないですから、過失犯の処罰規定があれば、過失の刑事責任を論ずることしかありません。

　(8) このように、考え方の違いによって違法性の錯誤の結論が異なってきますから、自分がどの見解が妥当かということを検討する必要があります。真実は唯一つしかないという自然科学の世界と違って、刑法学が属する社会科学の世界には、絶対的な正しい唯一の見解は存在しません。多くの人々がより妥当であろうという考え方が、その時代の通説とされます。ですから、妥当性は時代によって変わります。

2-2. 「むささび・もま事件」と「たぬき・むじな事件」

　(1) 構成要件的錯誤と違法性の錯誤は、以前には、事実の錯誤と法律の錯誤と表現されていました。そこで、おもしろい事件を紹介しましょう。①「むささび・もま事件」は、D君が「むささび」の狩猟禁止期間中に、D君の地方では「もま」と言わ

れていた獣が「むささび」とは別物であると思って「もま」を捕獲した事件です。裁判では、「もま」と認識して捕獲したからには、「むささび」を捕獲した事実認識に変わりはなく、「法律の錯誤」があったにすぎず、第38条3項によって「法律を知らなかったとしても、そのことによって、罪を犯す意思がなかったとすることはできない」から、故意を阻却しないと判決されました（大判大正13・4・25刑集3・364）。

（2）他方、②「たぬき・むじな事件」は、D君が、「たぬき」の狩猟禁止期間中に、俗に「十文字むじな」と呼ばれている獣が「たぬき」の一種であることを知らないで「十文字むじな」を捕獲した事件です。裁判では、D君には「たぬき」を捕獲した事実認識がなかったので「事実の錯誤」があり故意を阻却すると判決されました（大判大正14・6・9刑集4・378）。

（3）この2つの事件は類似の事件なのに、どうして結論（判決）が違うのでしょうか。実は、①が「法律の錯誤」で②が「事実の錯誤」としたことが間違っているのです。今日的に言いますと、どちらも構成要件的事実の認識があるのですが、違法性の錯誤があったと考えるべきなのです。つまり、①の事件の場合は、「もま」を捕獲しても「むささび」ではないから許されると錯誤したのですが、この錯誤には相当の理由がないので事実認識＝「故意」は否定できないとされたのです。②の事件の場合は、「十文字むじな」を捕獲しても「たぬき」ではないから許されると錯誤したのですが、この錯誤には相当の理由があるので第38条3項「但書」によって故意は否定されるとされたのです。

（4）では、どうして①は錯誤の相当性がなくて、②には錯誤

の相当性があるのでしょうか。実は、「もま」はD君の地方だけで呼ばれている「むささび」のことであって、日本国中どこでも「むささび」は「むささび」と呼ばれているので、D君の錯誤は許されないのですが、「十文字むじな」は、日本のどこでも「たぬき」とは別物と思われているので、この錯誤は当然であるとして許されたのです。ちなみに、「たぬき」とか「十文字むじな」を辞典で調べてみてください。両者は一般的に別物と観念されていると書いてあります。

　(5)　なお、販売禁止の「メタノール」を「メチルアルコール」とは同一物であると知らずに「メチルアルコール」を販売した事件でも、飲用禁止物を販売した事実認識があるとして、法律の錯誤による故意阻却はできないとする判例もあります（最判昭和23・7・14刑集2・8・889）。これらの事件は、あるもの△があるもの□に当てはまるかどうかという「あてはめの錯誤」ないし「包摂の錯誤」の事例です。

3.　解っていても規範を犯す人

　(1)　「してはいけないこと」と解っていても「やらなきゃならないこと」ってありますよね。D君は、A君とC君の3人でバス旅行することにして、東京駅で8時に集まる約束をしました。D君が朝寝坊して約束の時間に間に合わなかった話ですが、これは責任問題でしたね。しかし、もしD君が、「約束を破ってはいけない」と解っていても、妹が急病で苦しみだしたので病院に連れて行き、A君とC君に連絡をとる時間的な精神的余裕がなくて約束の時間に遅れた場合はどうでしょう。

(2)　そのような場合に、みなさんは、D君が約束を守るという規範に違反したからといって、D君の責任を追及して非難するでしょうか。刑法の世界でも、このような場合にどうするかという問題があります。例えば、D君は、当然に「他人の物を盗む」ことは悪いことだと知っていますが、可愛い妹が誘拐されて、犯人から「W宝石店から宝石を奪ってこい」「さもないと妹を返さないぞ」「警察に連絡すれば妹を傷つけるぞ」と脅迫されたので、仕方なくW宝石店から時価1000万円の宝石を盗んだ場合です。

　(3)　D君には、事の是非善悪の判断能力と盗まないようにする制御能力もありますので、「他人の物を盗んではいけません」という規範も解っていますし、「盗むことは違法である」ことも知っているにも拘わらず、盗まざるを得なかったので「盗む」故意をもって盗みました。このように、D君には形式的には構成要件該当性、違法性、責任という犯罪成立の要件が充足されているのですから、D君は「どろぼう」つまり窃盗罪として刑罰を科してもよいわけですが、D君に対して「盗まない」という適法な行為を要求し期待することは困難です。しかし、このような場合に責任を阻却する法律上の条文規定はありません。そこで、このような場合を許す理論形成がされてきたのです。

　(4)　19世紀後半にドイツで起きた「**暴れ馬事件**」がそのきっかけです。当時の旅客運送手段は馬車でしたが、その馬が尻尾を手綱にからませて暴れて馬車の制御を困難にするので、御者が馬の変更を馬主に申請したのですが認められず、言うとおりにしないと解雇すると言われました。そこで御者は、馬が暴れ

て馬車が転倒して乗客に怪我をさせるかもしれないという事実認識を抱きながらも、解雇されると生活に困るので、仕方なく走らせたところ、案の定、馬が尻尾を手綱にからませて馬車の制御が不可能になり、馬車が転覆して乗客に傷害を与えてしまいました。

　(5)　しかし、当時のドイツの裁判所は、この御者の刑事責任を問うことなく無罪判決を下したのです (1897, RG. 30, 25)＊。このように「**適法行為の期待可能性**」がない場合には刑事責任を阻却することにしたのです。もっとも、何を基準にして期待可能性の有無を決めるのかは見解が分かれています。詳細は、専門的な刑法総論の書物を読んでください。

　＊ RG は、ドイツのライヒ裁判所 (Reichsgericht) の意味です。

第7話　可罰的未遂と不可罰的未遂

1．犯罪成立の時系列

1-1．可罰的未遂と既遂

（1）未遂と既遂の話は第2話3．でしましたね。そもそも人間の行為は、時間的には、①動機―②意思形成―③決意と計画―④準備―⑤着手―⑥実行―⑦終了―⑧結果発生というように進みます。犯罪行為も同じです。例えばD君が、①お金が欲しい―②誰かから盗もうかな―③A君から盗もう―④A君の留守宅に入る―⑤お金のあり場所を探す―⑥サイフを盗る―⑦ポケットにしまう―⑧A君の財産を侵害した。これが、D君の「どろぼう」の行為経過です。

（2）このうち、刑法で問題になるのは⑤以下ですが、重大な犯罪に限り、③の「陰謀罪」と④の「予備罪」もあります。例えば、③の内乱陰謀罪（78条）と外患陰謀罪（88条）および④の内乱予備罪（78条）、外患予備罪（88条）、放火予備罪（113条）、殺人予備罪（201条）、強盗予備罪（237条）などわずかです。近代刑法では、本来、①②③の内心事情は問題にしてはならないことになっています。これを問題にしたのが、罪刑専断主義時代の絶対君主やファシズム刑法でした。なお、通貨偽造準備罪

(153条)というのがありますが、これは、独立の構成要件であって、いわゆる予備罪ではありません。その証拠に、「器械又は原料を準備した」ことに限定されています。これを**独立予備罪**と言い、④の予備罪は、**従属予備罪**と言いまして、④の場合には何を準備してもかまいません。

1-2. 可罰的未遂の形態

（1）さて、⑤⑥⑦の範囲が未遂の範囲で、⑧が既遂の時点です。このうち、⑤が**着手未遂**、⑥⑦が**実行未遂**または**終了未遂**と言います。例えば⑤は、D君が、B子さんを殺害しようとしてナイフを構えました（行為に着手した）が、何かの原因でB子さんにナイフを突き刺すことができなかったのでB子さんが死ななかった場合です。これに対して⑥⑦は、D君がB子さんの身体にナイフを突き刺してしまったように、実行行為が終了したのですが、B子さんが死ななかった場合です。

（2）⑤と⑥⑦どちらの場合にも、失敗した原因によって、(a)**障害未遂**と (b)**中止未遂**に分かれます。(a)は、D君とは別の障害（邪魔）が入って失敗した場合で、(b)は、D君自身で結果発生を避けた場合です。⑤着手未遂の場合の(a)障害未遂は、D君がB子さんに対してナイフを構えたのですが、誰か、例えば側にいたA君がナイフを取り上げたのでB子さんを殺害できなかった場合です。⑤着手未遂の場合の(b)中止未遂は、D君がB子さんに対してナイフを構えたのですが、誰か、例えばA君から「馬鹿なことをするな！」と言われ、「やはり馬鹿なことはよそう」と思い自分の意思でナイフを捨てた場合です。

（3）⑥⑦実行未遂の場合の(a)障害未遂は、D君がB子さん

の身体にナイフを突き刺してしまったのですが、医師の治療によってB子さんが死ななかった場合です。⑥⑦実行未遂の場合の（b）中止未遂は、D君はB子さんの身体にナイフを突き刺してしまったのですが、自分で治療してB子さんを死なせなかった場合です。

（4）障害未遂の場合には、第43条本文で「その刑を減軽することができる」とされていますが、「できる」というのは、裁判官の判断で法定の刑罰を科してもよいし減軽してもよいですよという意味です。これを**裁量的減軽主義**と言います。ところが、中止未遂の場合は、第43条但書で「その刑を減軽し、又は免除する」と言い切っていますので、裁判官は必ず刑罰を減軽か免除しなければなりません。これを**必要的減免主義**と言います。したがって、中止未遂の方が障害未遂よりも重要なのです。ただし、減軽にするか免除にするかは裁量主義です。

（5）その減免の要件は、第43条但書で「自己の意思により」「犯罪を中止したとき」となっています。そこで、第1に、「自己の意思により」という主観的要件の「**任意性**」が必要ですが、それをどのように判定するかが問題でして、現在の多数説によりますと、「やり続けようと思えばできるけれども、したくない」と思った場合という**フランクの公式**を基準にしています。もちろん、この任意性は積極的任意性が必要で、「めんどうくさいから、やめた」という消極的任意性では中止未遂を認められません。

（6）第2に、「犯罪を中止したとき」という客観的要件が必要ですが、着手未遂の場合はD君がナイフを捨てるという不作為だけで「犯罪を中止した」ことになるけれども、実行未遂の

場合には、D君が医師に任せるだけではダメでして、医師に任せるにしても、D君自身が、例えば、包帯を巻いて止血処置をして医師に委ねるなどの積極的・真剣な結果発生の防止努力をする必要があります。

2. もうひとつの未遂（不可罰的未遂）

（1）もう１つ「未遂」という名のつく未遂があります。「**不能未遂**」または「**不能犯**」と呼ばれる問題です。しかし、これは時系列上の未遂ではなくて、構成要件該当性がない「**実行行為性の問題**」ですので、別の項目で説明する解説書が多いのですが、本書では、便宜上ここでお話しします。典型的な事例は、例えばD君が「丑の刻参り」と言いまして、現在の午前２時頃に毎日神社の大木に藁人形を釘で打ち付けてA君を呪い殺そうとする場合です。

（2）これは、そもそも殺人の実行行為性がないので、刑法典第199条の殺人罪の構成要件該当性がありません。時系列上の未遂を処罰可能な「可罰的未遂」だとしますと、「不能未遂」は処罰することができない「不可罰的未遂」です。D君が、A君を砂糖で殺そうとした場合も同じです。A君がよほどの糖尿病の重症患者でない限り、砂糖で人を殺害することは不可能ですので不能未遂で不可罰です。この場合を「**方法の不能**」と言います。

（3）また、石像をA君本人だと思って殺害目的でナイフを投げても、殺人罪としては不能未遂で不可罰です。このような場合を「**客体の不能**」と言います。一般人のD君が、自分は公

務員だと勘違いしてC君から賄賂を受け取ったとしても、D君には公務員という主体性が欠けますので収賄罪の構成要件該当性がありません。この場合を「**主体の不能**」と言います。

（4）不能未遂は、そもそも法益侵害という結果発生の現実的危険性がないので不可罰とされるのですが、それでは、結果発生の現実的危険性の有無の判断基準は何なのでしょうか。（a）行為以後の客観的資料に基づき裁判時点で純客観的・自然科学的に結果発生の危険性を判断（事後的判断）する「**客観的危険説**」ないし「旧客観説」があります。（b）判例は、この説を基本にしながらも、結果発生が絶対的に不能ならば不能犯で、相対的に不能ならば可罰的な未遂とする「**絶対的不能・相対的不能説**」です（最判昭和25・8・31刑集4・9・1503）。

（5）これに対して、（c）行為時点で行為者が認識した事情および一般人が行為者の立場で認識し得た事情を判断資料にして、一般人が結果発生の客観的危険性があると認めた場合は可罰的未遂で、その危険性がないと認めた場合は不能犯だと判断（事前判断）する「**具体的危険説**」ないし「新客観説」があります。これが現在の多数説です。

（6）この他にいろいろな説がありますが、（d）修正的客観説が強く主張されていますので、具体的な事例にそってお話しすることにします。さてそこで、①D君が、致死量に満たない毒物をA君の飲み物に入れて殺害しようとした場合、②D君が、射程距離外にいるA君を殺害しようとして射撃した場合、③D君が、弾丸の入っていないピストルを入っていると思ってA君を殺害しようとして発射した場合、それぞれどのように判断するのでしょうか。読者のみなさんも、（a）（b）（c）の各学説を

当てはめて考えてみてください。

（7）①の場合、（a）説によればA君は科学的には絶対に死なないですから不能未遂で不可罰ですが、（b）説の判例では絶対的不能ではなく相対的不能なので可罰的未遂で、（c）説でも一般人は死ぬかもしれないと思うので可罰的未遂です。②の場合も、A君には、（a）説によれば絶対に弾が届かないので不能未遂ですが、（b）（c）説からは、場合（強風）によっては命中可能ですし、一般人は弾が当たると思いますから可罰的未遂です。

（8）問題は③です。（a）説からは不能未遂ですが、（b）（c）説の場合でも、D君が③-1警察官から奪ったピストルの場合（福岡高判昭和28・11・10判特26・58）と、③-2装飾店に飾ってある装飾用のピストルを利用した場合とでは、一般人からしても、③-1ならA君が死ぬかもしれないし、③-2なら死なないと思うでしょうから、③-1可罰的未遂と③-2不可罰的未遂に分かれるでしょう。死体の心臓にナイフを突き刺した場合も、公園のベンチに横たわっている死体のように一般人が生きていると思う場合と病院の死体安置所に横たわっている死体の場合とでは、可罰的未遂と不可罰な不能未遂とに分かれるでしょう。

（9）ちなみに判例は、硫黄の粉末による殺害については絶対的不能とし（大判大正6・9・10刑録23・999）、致死量に満たない黄燐による殺害を相対的不能で可罰的未遂としました（大判昭和15・10・16刑集19・698）。静脈内に空気を30cc〜40cc（致死量は70cc〜300cc）注射した事案でも、一般人の社会通念と被害者の健康状態を考慮して可罰的未遂としました（最判昭和37・3・23刑集16・3・305）。

第8話　行為者の横の関係

1. 共犯とは

（1）犯罪行為は、2人以上の複数人で協力し合って実現する場合があります。これを「**共犯**」と言います。通常、刑法典各則の個別の条文の構成要件は、1人の人間が単独で自分自身が直接に行為することを予定している犯罪です。この場合を、「単独正犯」および「直接正犯」と言います。これを複数人で実現するのが「共犯」なのです。

（2）もっとも、正犯であっても、条文によっては、2人以上の複数人が犯罪を行うことを条文で必要としているものもあります。このような犯罪を「**必要的共犯**」と言います。例えば、内乱罪（77条）とか騒乱罪（106条）などの集合犯ないし集団犯という「**多衆犯**」および相手方を必要とする「**対向犯**」があります。対向犯は、対抗する両者とも同一に処罰する「重婚罪」（184条）と両者を異なって処罰する「収賄罪」（197条。5年以下の懲役）と「贈賄罪」（198条。3年以下の懲役）、そしてどちらか一方だけを処罰する「わいせつ物頒布罪」（175条。頒布者のみ2年以下の懲役・入手者は不可罰）に分かれます。

（3）これらの「必要的共犯」に対して、1人単独の行為者を

予定している構成要件を任意に複数人で行う「**任意的共犯**」が、今回お話しする「共犯」なのです。もっとも、「共犯」には複雑な問題点が沢山ありますので、本書では、難しい議論には触れずに骨組みだけをお話しすることにします。

　(4)　なお、「共犯」を論ずるには、その前提としての「**正犯**」を論じなければなりませんが、先述したように、「正犯性」の基準そのものが解決していないので、行為を支配している者が正犯者とする「**行為支配説**」が根強いということだけをお知らせして、ここではそれ以上をお話ししないことにします。しかし、いずれにしても、「共犯」は「正犯」あっての問題ですので、「共犯」は「正犯に」従属するという「**共犯従属性説**」が通説になっています。

2.　任意的共犯の種類

　(1)　1人の行為者を予定している構成要件を複数人で行う「共犯」は、刑法典では、形式上①「共同正犯」(60条)、②「教唆犯」(61条)、③「幇助犯」(62条)の3つとされています。したがって、これ以外の共犯はありません。

　(2)　しかし、「共同正犯」はどうして「共犯」なのでしょうか。実は、「共同正犯」は、複数人で行うという意味では共犯なのですが、全員が正犯に変わりはないのです。複数人の間に従属関係はないのです。したがって、上記の①②③を「広義の共犯」と言い、②③を「**狭義の共犯**」ないし「本来的共犯」として区別しています。そこで、①の共同正犯については後述することにして、②と③からお話しします。

(3)「**教唆犯**」とは、犯罪意思のない人を「そそのかして」犯罪意思（故意）を抱かせる犯罪です。例えば、D君が、盗む意思もなかったC君に宝石を盗むようにそそのかしてC君に窃盗の故意を生じさせ、現実にC君に宝石どろぼうをさせた場合です。きわめて悪質ですよね。この場合、C君が窃盗罪の正犯でD君がその教唆犯（共犯）ですが、教唆者D君にも「正犯の刑を科する。」(61条)として正犯C君と同等に処罰することにしています。

(4)「**幇助犯**」とは、すでに犯罪意思を持っている正犯者を実行行為以外の方法で援助して、正犯の犯罪行為を容易にする犯罪です。教唆犯がそそのかして正犯者を作り上げるのに対して、幇助犯は、すでに存在する正犯者を手助けする随伴的立場ですから、「**従犯**」とも言われます。幇助方法は、道具を貸すような（物理的）有形的方法（大判昭和 12・8・31 刑集 16・1355）でも、激励・助言のような（精神的）無形的方法（大判昭和 7・6・14 刑集 11・797）でもかまいません。

(5) 幇助時期も、正犯行為の事前の予備的従犯（大判大正 6・7・5 刑録 23・785）でも同時期の随伴的従犯（大判大正 11・3・15 刑集 1・1・144）でもかまいません。D君がA君宅にどろぼうに入ろうとして塀を乗り越えようとしているところを友人のC君が梯子を貸してやり門前で見張りをすれば、C君は、随伴的な物理的有形的幇助をしたことになります。

(6) もっとも、教唆犯の場合には、D君の教唆の結果としてC君が宝石を盗むことになったのですから、当然に教唆（原因）と正犯結果との間に因果関係が必要ですが、幇助犯の場合には、幇助と正犯結果との間の因果関係の要否については見解が分かれています。判例は、「犯罪遂行の便宜を与え之を容易ならし

めたるを以て足り」るとして、幇助と正犯結果との間に因果関係は必要なく、正犯行為を容易に促進する因果関係で足りるとしています（大判大正2・7・9刑録19・771）。これは「実行行為促進説」とも言われています（板橋宝石商殺害事件・東京高判平成2・2・21判タ733・232）。

3.　正犯と共犯の関係

　(1)　教唆そのものとか幇助そのものというものは存在しませんから、共犯は何らかの正犯を前提にするわけであり、事の本質上、共犯は正犯に従属することは否定できません。これを共犯の論理的従属性ないし質的従属性と言います。問題は、共犯の犯罪性と可罰性が、正犯の実行行為を必要とするかどうかです。従属性の有無ないし量的従属性の問題です。

　(2)　共犯の犯罪性と可罰性は(a)正犯の実行行為を前提とする見解を共犯従属性説と言い、(b)正犯の実行行為がなくても共犯の犯罪性と可罰性を認める見解を共犯独立性説と言います。(b)説は、共犯者の犯罪的意思が表明されていれば犯罪性と可罰性を認めてよいとする主観主義刑法理論によるものでして、現在は、個人の意思だけを裁くことは認めない客観的刑法理論が支持されていますので、本書でも(a)説に従って話を進めます。

　(3)　ちなみに、(b)説によりますと、XがYにAの殺害を唆したところ、①Yが殺意を抱いたものの殺害行為に着手しなかった場合（効果のない教唆）も、②Yが殺害意思すら形成しなかった場合（失敗した教唆）も、未遂処罰の規定がある限りXは教

唆の未遂の罪責を負うことになりますが、刑法典第61条1項では、「人を教唆して犯罪を実行させた者には、正犯の刑を科する。」となっていますから、(b)説はこの規定に矛盾することになります。

4. 正犯のあれこれ

4-1. 共 同 正 犯

　(1) 正犯の定義は意見が分かれて難解な問題ですので、本話1.(4) でお知らせしたとおり、とりあえず、「条文の基本的な構成要件を実現することを支配している人」ということにしましょう。これを単独で行う場合が単独正犯で、複数人で行う場合が共同正犯です。他方、自分で直接に行う場合が**直接正犯**で、是非善悪を判断できないような幼児を利用して背後から支配する場合を**間接正犯**と言います。このように正犯にもいろいろあるわけです。

　(2) そこで、共同正犯と間接正犯についてお話しすることにします。「**共同正犯**」は、刑法典第60条に「2人以上共同して犯罪を実行した者は、すべて正犯とする。」と規定されているように、共同した全員が正犯者とされるのです。例えば、X・Y・Zの3人が、A君宅にどろぼうに入ろうと話し合って宝石を盗む場合です。この場合、当然に「どろぼうをする」ということの主観的な意思連絡が必要です。3人が意思連絡もなしに別々にA君宅に入って同時に宝石を奪ったとしても、これは共同正犯ではありません。単なる単独正犯が同時に行われたにすぎません。この場合を「**同時犯**」と言います。

(3)　第4話の因果関係のところで累積的因果関係（択一的競合）とか重畳的因果関係についてお話ししましたが、あれは同時犯の場合の問題ですから、もし意思連絡があれば全員が共同正犯になります。共同正犯の場合の意思連絡は、明示的にはっきりと言葉で行われる必要はなくて、黙示的に暗黙の了解でもかまいませんし（最決平成15・5・1刑集57・5・507）、仲介人を経由してもかまいません（大判昭和7・10・11刑集11・1452）。この意思連絡がもっと緊密で狭い「謀議」の場合が「共謀」ないし「通謀」でして、この場合の共同正犯を「**共謀共同正犯**」と言います。

　(4)　そもそも「共同正犯」は、判例によれば、「2人以上の者一心同体の如く互いに相援け相援けて各自の犯意を共同的に実現し以て特定の犯罪を実行する」ことなので（大連判昭和11・5・28刑集15・11・715）、一種の「**共同意思主体**」というシステムが犯罪を実行すると考えられます（最判昭和23・5・8刑集2・5・478）。そうしますと、「共謀」の場合は、「ともに謀りて事を行う以上は何人が局に当たるも共謀者一躰の行為に外ならず」（大判明治29・3・3刑録2・3・10）というわけですから、「共同意思主体」システムの構成員の誰が現実に犯罪行為を実行しても全員が正犯となるのです。

　(5)　例えば、X・Y・Z・VがA宅に強盗に入ることを「謀議」し、XがAに暴行を加え、Yが宝石を奪い、ZがA宅の玄関で見張りをした場合、XとYは当然に強盗罪の共同正犯ですが、Zも共同正犯になり得ますし（最判昭和23・3・16刑集2・3・220）、場合によっては、自宅で待機していたVも強盗罪の共同正犯になり得るのです（最大判昭和33・5・28刑集12・8・

1718)。もっとも近代刑法は、誰かの実行行為が大前提の行為刑法ですので、「共謀」だけで終わったのに処罰する共謀罪は許されません。

（6）ところで、共同正犯とは、「2人以上共同して犯罪を実行した者」（刑法典60条）のことですが、一体「何」を「共同」するのでしょうか。「犯罪」でしょうか、「実行」でしょうか。前者の見解を(a)「犯罪共同説」、後者の見解を(b)「行為共同説」と言います。(a)説は、2人以上の複数人が、特定の犯罪構成要件を共同して実行することだとします。(b)説は、事実共同説とも称しまして、2人以上の複数人が犯罪構成要件を離れて自然的・事実的な行為を共同することだとします。

（7）そして更に、前者は(a)-①完全犯罪共同説と(a)-②部分的犯罪共同説に分かれ、後者は(b)-①ハードな行為共同説と(b)-②ソフトな行為共同説に分かれます。現在は、(a)-②説が通説で、判例は(a)-②説（最判昭和23・5・1刑集2・5・435）から(b)-②説（最決昭和54・4・13刑集33・3・179）に移ったとも言われます。しかし、見解の違いによって行為者各人の犯罪名が違ってきますので、(a)説か(b)説かの問題は、「**罪名従属性**」の問題だと言われます。

（8）例えば、Xが殺人罪の故意で、Yが傷害罪の故意で共同したとしましょう。2人の共同正犯が可能でしょうか。XとYの罪名は何になるのでしょうか。(a)-①説では、両者は犯罪構成要件が完全に重なり合いませんから共同正犯は認められません。(a)-②説では、両者は傷害罪の限度で重なり合いますから（殺人罪は傷害罪を含むので）、傷害罪の範囲でXとYの共同正犯が認められます。(b)-②説でも殺人罪と傷害罪は実行

行為の構成要件的類似性があるのでXとYの共同正犯が認められます。

（9）こうして、(a)-①説は現実性がないとして排斥され、また (b)-①説は、例えば、Xが殺人罪の故意、Yが放火罪の故意という全く異質な構成要件の行為であっても行為を共同することができるとの理由でXとYの共同正犯を認めるのですが、一体全体、罪名は何罪の共同正犯が成立するのか不明ですので、たとえ異質な構成要件ではあっても何らかの構成要件的な類似性が必要ではないかとの批判があり、やはり現実性がないとして排斥されました。

（10）しかし、お話ししたように、(a)-②説と (b)-②説が妥当だとしても、何罪の共同正犯なのかという「**罪名従属性**」の問題が残っています。そこで事例に従って考えてみましょう。例えば、Xが殺人の意思で、Yが傷害の意思で共同してAを殴打して殺害したとしましょう。果たして2人の罪名はどうなるのでしょうか。(b)-②説によれば、Xは殺人罪で、Yは傷害致死罪の罪名の共同正犯が認められます。この場合、(a)-②説は更に分かれまして、(a)-②-1説は、XもYも罪名は殺人罪の共同正犯が成立し、刑罰に限ってYは傷害致死罪の刑で処断するという見解で、(a)-②-2説は、XもYも罪名は傷害致死罪の共同正犯が成立するとして、Xに限って殺人罪の刑で処断するとします。

（11）このようにして、見解の相違によって結論も違ってきますので、皆さんはどの見解が妥当か考えてみてください。Xが強盗罪の故意でYが窃盗罪の故意で共同する場合を検討し話し合ってみてはどうでしょうか。

4-2. 間接正犯

(1) 話を「**間接正犯**」に移しましょう。例えば、幼児（前面者）を背後から利用して犯罪を実現する成人（背後者）には、間接的な正犯性が認められることについては第6話1-2.(6)でお話ししました。この場合、実行行為を支配しているのは背後者（利用者）だからであるという**行為支配説**が有力です。このように幼児や精神病者という是非弁別能力がない責任無能力者を利用する場合（大判明治37・12・20刑録10・2415）のほかにどのような場合があるでしょうか。

(2) ①Yの単なる反射運動とか睡眠中の動作を利用して犯罪を実現するXの場合、Yには意思性も行為性もないのでXが間接正犯です。②それでは、12歳前後の刑事未成年者Yを利用して「どろぼう」をさせた父親Xの場合はどうでしょうか。Yが暴行を加えられて「どろぼう」させられた場合にはXの窃盗罪の間接正犯が認められましたが（最決昭和58・9・21刑集37・7・1070）、幼児と違って12歳前後にもなれば、刑法典第41条で責任能力はないとされていても、是非弁別能力はありますから、Xが一方的に間接正犯になるわけではありません。

(3) 現に、12歳のYを利用したXが間接正犯ではなくて、XとYの共同正犯を認めた判例があります（最決平成13・10・25刑集55・6・519）。③強制下に置かれているYを利用するXの場合、Yには行動の自由がなく適法行為の期待可能性がなくて有責性がありませんので、Xに行為支配性が認められ間接正犯とされます。④事情を知らないYを利用するXも間接正犯です。

(4) ⑤Yに別罪の故意（例えば屏風の虎の絵にナイフを投げる器物損壊罪の故意）があっても、それを利用して屏風の裏に座っ

ているAを殺害する意図でYにナイフを投げさせたXの場合
は、Xの殺人罪の間接正犯とYに対する器物損壊罪の教唆犯と
する見解と、Xは殺人罪の教唆犯でYは器物損壊罪の正犯とす
る見解に分かれています。⑥目的犯の通貨偽造罪の「行使の目
的」のない偽札研究者Yに偽札を作らせたXは、通貨偽造罪の
間接正犯です。Yは構成要件要素の「目的」がないので、通貨
偽造罪の構成要件該当性がないことはすでに第3話2.(2)でお
話ししました。

　(5)　⑦「公務員」という身分のない妻Yに公務員の夫Xが賄
賂を受け取らせた場合、Xが収賄罪の間接正犯とする見解が強
いです。しかし、Yには賄賂を受け取るべきではないという是
非弁別能力はありますので受取を拒絶するべきです。したがっ
て、XとYの共同正犯を認めるべきでしょう。何故なら、刑法
典第65条1項では、公務員である構成的身分者Xに公務員身
分のないYが加担しても、XとYの(共同正犯を含む)共犯の成
立を認めているのですから、逆の場合も共同正犯とするべきで
しょう。

　(6)　⑧正当防衛とか緊急避難をする違法性のないYの行為
を利用するXは間接正犯が認められます(最決昭和44・11・11
刑集23・11・1471)。⑨故意と意思はあるが覚せい剤譲渡の「正
犯者意思」のないYを利用してAに覚せい剤を手渡させたXは、
覚せい剤譲渡罪の間接正犯が認められました(横浜地裁川崎支部
判昭和51・11・25判時842・127)。

5. 共犯あれこれ

5-1. 意思連絡の問題

　(1) 共犯に関しても、いろいろと問題点がありますが、紙面と専門性の観点から、すべてについてお話しすることはしないで、重要な問題の要点だけをお話しすることにします。ＸとＹの間で一方通行の意思連絡でも共犯が成立するかという「**片面的共犯**」の問題があります。教唆犯と共同正犯については、共犯者相互間の意思連絡が必要ですので、片面的教唆犯とか片面的共同正犯はあり得ませんが、幇助犯（従犯）の場合には、正犯者が援助を受けていることを認識していないことがありますので、「片面的従犯」はあり得ます。

　(2) 故意という意思のないＸとＹの間の「**過失の共同正犯**」はあり得るのでしょうか。判例は当初否定していましたが、やがて「2人が1体となって協力し…1つの危険的行為を共同して…遂行した」場合の共同正犯を認め始め、「注意義務を怠った共同の行為があったと認められる場合には」過失の共同正犯が成立するとしました（東京地判平成4・1・23判時1419・133）。

　(3) ＸがＡ君から財布を強奪する意思でＡ君に暴行・脅迫を加えてＡ君が抵抗できない状態になった時点で、Ｙが途中から共同正犯の意思で参加してＡ君の財布を奪う行為をＸと一緒にした場合に、Ｙには強盗罪の共同正犯が成立するのかという「**承継的共同正犯**」の問題があります。もしＹが援助意思で参加すれば「承継的幇助犯（従犯）」の問題です。

　(4) この場合、第1に、そもそもＹには共同正犯ないし従犯

が成立するかという問題と、第2に、成立するとして、参加以前の行為（暴行・脅迫）まで含めて共同正犯ないし従犯が認められるかという2つの問題があります。私見としては、Yには強盗罪の従犯と窃盗罪の共同正犯を認めるのが妥当だと思います。

5-2. 共犯からの離脱

（1）XとYがA君宅に強盗目的で入った場合に、強盗罪完成以前の強盗行為の前後にXが犯罪から離脱してYが強盗を遂行した場合にXの罪責はどうなるのかという「**共犯からの離脱**」の問題があります。第1に**共同正犯**について考えてみましょう。

（2）実行行為の**着手以前**の離脱の場合には、①単純な共同正犯ならば、Xの離脱の意思表示とYのその認識があればXは罪責を問われませんが、②共謀共同正犯の場合、Xの離脱の意思表示とYの「了承」によって心理的因果性が切断されてXは罪責を免れますが（東京高判昭和25・9・14高刑集3・3・407）、Xが凶器をYに手渡していた場合は、これを取り戻すという物理的因果性の切断をしなければXも罪責を問われます。

（3）次に実行行為**着手後**の離脱の場合には、Xは離脱しても強盗罪の未遂の罪責を問われます。しかし、心理的因果性と物理的因果性を切断すれば、Xには中止未遂の適用が認められます。判例では、Xら5名が殺害意思でA君に暴行を加え、Xだけがとどめを刺しに現場に戻らなかったとしてもXが他の者の行為を規制しなかったとしてXの殺人罪の共同正犯を肯定しました（東京地判平成7・10・13判時1579・146）。

（4）XがYを**教唆**した場合を考えます。Yの実行行為の**着手**

前にXが離脱の意思を表明したところ、Yが犯罪意思を放棄すれば、Xは教唆の未遂として不可罰ですし、Xが離脱の意思を表明したけれどもYがそれに応じず実行しようとしたので、Xが阻止しようとしたにも拘わらずYが実行行為に着手した場合にも、一旦Xの共犯関係が切れたとみなされるべきでしょう。

(5) XがYを**幇助**した場合は、XがYの実行行為の**着手前**に離脱の意思を表明すれば、Yがそれに応じようが実行しようが、Xの離脱は認められますが、Xが凶器などをYに与えている場合には、XがYから凶器を取り戻さなければXの離脱は認められません。問題は、このような物理的な援助ではなくて、犯罪方法を教えるとか激励した場合には、この影響を取り消すことは不可能なので、離脱を認めることは困難です。

(6) 問題は、教唆犯・幇助犯のいずれの場合にも、Yの実行行為**着手後**にXが離脱の意思を表明したにも拘わらずYが行為を続行しようとしたので、Xが必死に阻止したにも拘わらず、Yが犯罪結果を生じさせた場合です。(a) Xを教唆犯・従犯の障害未遂に準じて罪責を問う見解と、(b) Xの教唆犯・従犯の中止犯を認める見解と、(c) 教唆・幇助の因果的な寄与があれば共犯成立で因果的寄与が遮断されれば障害未遂とする見解に分かれています。

6. 共犯と錯誤

6-1. 意義と形態

(1) 共犯の錯誤とは、共犯者の認識した事実と正犯者が引き起こした結果(犯罪事実)との間の不一致のことを言います。こ

の場合には、共同正犯も含む広義の共犯が問題です。ＸがＹに暴行を教唆したのにＹがＡを殺してしまったとか、ＸとＹとＺがＡの殺害の意思連絡または謀議をしたにも拘わらず、Ｘが別人のＢを殺害した場合です。これらは同一の共犯形式の間の錯誤の問題です。

　(2)　なお、これと違って異なった共犯形式の間の錯誤もあります。例えば、ＸがＹに対してＡの殺害を教唆したけれども、その前にＹがすでにＡの殺害を決意していた場合は、ＸはＹに殺意を抱かせたわけではなく決意を強めただけですので、教唆犯と幇助犯という異なった共犯形式の間の錯誤となります。この場合は、Ｘは教唆犯ではなくて従犯にすぎないので、共犯の錯誤については、**同一の共犯形式の間**の問題に焦点を合わせてお話しします。

6-2.　解　決　策

　(1)　解決策は、基本的には単独犯の場合に従って構成要件的符合説により解決しますので、第3話 6-1.と 6-2.の話を思い出して考えましょう。まず第1に、**具体的事実の錯誤**です。**客体の錯誤**は、論理的には共同正犯の場合に限られます。ＸとＹがＡの殺害を共謀したところ、ＹがＢをＡと間違えて殺害した場合です。ＸもＹも殺人罪の共同正犯です（大判昭和 6・7・8 刑集 10・312）。

　(2)　**方法の錯誤**はすべての共犯形式に存在します。ＸとＹがＡの殺害を共謀し、ＹがＡに向けて発砲してものの銃弾がそれてＢを殺害してしまった「共同正犯の錯誤」では、ＸもＹも殺人罪の共同正犯です。ＸがＹにＡの殺害を教唆したところ、Ｙ

が投げたナイフがそれてBを殺害してしまった「教唆犯の錯誤」は、Xが殺人罪の教唆犯でYが殺人罪の正犯です。XはYがA宅に侵入窃盗すると思って見張りをしていたところ、YがB宅に侵入窃盗した場合の「従犯と錯誤」は、Yが住居侵入窃盗罪の正犯で、Xはその従犯です。

　(3) 第2に、異なった構成要件の間の**抽象的事実の錯誤**の場合には、客体の錯誤も方法の錯誤もすべての共犯形式の共犯の故意は阻却されます。例えば、XとYがA宅の放火を共謀したにも拘らずYがAを殺害した場合(共同正犯)、XがYにA宅からの窃盗を教唆したにも拘らずYがAを殺害した場合(教唆犯)、XがYのA宅からの窃盗の見張りをしていたにも拘らずYがAを殺害した場合(幇助犯)、すべてYだけが殺人罪の罪責を負います。

　(4) もっとも、構成要件は異なるけれども部分的に重なる場合には、共犯者も無罪にはなりません。例えば、XがYにAの殺害を教唆したところ、YがAを傷害するだけに終わった場合です。殺人罪と傷害罪は傷害の限度で重なっていますから、Xもまた軽い限度の共犯の罪責(傷害罪の教唆)が認められます。逆の場合はどうでしょうか。例えば、XとYがAの傷害を共謀したにも拘わらず、YがAを殺害した場合です。これを「**共犯の過剰**」と言います。Xは軽い限度の傷害致死罪に問われます。

　(5) 「共犯の過剰」の場合は、方法の錯誤がほとんどです。例えば、XとYほか5人がAに対する暴行脅迫を共謀したのに、Yが未必の故意でAを殺害してしまった場合には、Yの殺人罪とXほか5人の傷害致死罪が認められました(最決昭和54・4・13刑集33・3・179)し、XがYに窃盗を教唆したところ、Yが

強盗をした場合は、Ｙの強盗罪とＸの窃盗の教唆犯が認められ（最判昭和 25・7・11 刑集 4・7・1261）、ＸがＡに対するＹの傷害行為に幇助のために凶器を貸与したところ、ＹがＡを殺害した場合、Ｘには傷害致死罪の従犯が認められました（最判昭和 25・10・10 刑集 4・10・1965）。

　（6）第 3 に、**結果的加重犯と錯誤**については、学説は分かれていますので、判例を紹介しますと、第 4 話 2.でお話ししたように、判例の立場は、因果関係については「Ｐがなければ Q はなかったであろう」という方式が認められればＰとＱの間の因果関係を認める「条件説」でしたので、ＸとＹがＡに対する強盗を共謀したところ、ＹがＡに傷害を負わせた場合、Ｘにも強盗致傷罪の共同正犯を認めました（最判昭和 22・11・5 刑集 1・1）し、教唆犯と幇助犯についても同様の見解です（教唆犯について大判大正 13・4・29 刑集 3・387）。

　（7）第 4 に、**間接正犯と共犯の錯誤**です。事情の違う 2 つの場合があります。①医師ＸがＹは事情を知らないと思って看護師Ｙに致死量のモルヒネ注射器を渡して患者Ａに注射させたけれども（此処まではＸの間接正犯状態）、実はＹは事情を知っていた場合です。間接正犯の故意は教唆犯の故意を含んでいるという理由から、Ｘを殺人罪の教唆犯にするのが一般的です（仙台高判昭和 27・7・29 判特 22・106）。

　（8）問題は、②Ｙは事情を知らなかったけれども、途中で事情を知り、Ｙ自身もＡの死を願っていたのでＸの意思に従ってＡに注射した場合です。（a）Ｙの殺人罪の正犯とＸの間接正犯の殺人罪の競合とする見解と、（b）①と同じ理由でＸに殺人罪の教唆犯を認める見解と、（c）Ｘに殺人罪の教唆犯と殺人罪の

間接正犯の未遂を認める見解に分かれています。なお、XはY
が責任能力者と思ってYに窃盗を教唆したところ、実はYが責
任無能力者だった場合には、Xに間接正犯ではなくて教唆犯を
認めるのが一般的です。

7. 共犯と身分

7-1. 刑法典第65条の意味

（1）刑法典第65条に共犯と身分に関する規定があります。1
項では、「犯人の身分によって構成すべき犯罪行為に加功した
ときは、身分のない者であっても、共犯とする」とされ、2項
では、「身分によって特に刑の軽重があるときは、身分のない
者には通常の刑を科する。」とされています。ですから、共犯
と身分については、この規定に従って処理すればよいわけです
が、この条文の解釈に争いがあるので、学説の相違によって解
決策が異なってくるわけです。難儀ですよね、刑法は。

（2）さて、第3話4.の(8)(9)(10)でお話しした身分の種類
を思い出してください。(a)通説・判例は、1項は構成的身分
と共犯の規定すなわち真正身分犯に関する規定で、身分の従属
性・連帯性の規定であり、2項は、加減的身分と共犯の規定す
なわち不真正身分犯と共犯の規定で、共犯の独立性・個別性の
規定であると解釈します。

（3）これに対して、(b)平野説（平野366以下）の、1項は、
構成的身分か加減的身分は問わず、違法身分の従属性の規定で、
2項は、責任身分の独立性の規定と解釈する見解、(c)西田説
（西田『共犯と身分』172以下）の、1項は、法益侵害としての違

法身分の連帯性の規定で、2項は、非難としての責任身分の個別性の規定であるとする見解、(d) 団藤説 (団藤 418) の、1項は真正身分犯か不真正身分犯かを問わずに共犯成立の規定で、2項は、不真正身分犯の場合における科刑上の個別化の規定であるとする見解があります。

(4) このほかに、1項の「共犯とする」という規定についても、①広義の共犯のすべてを含むか (全面的包含説)、②教唆犯と従犯という狭義の共犯だけの意味か (狭義の共犯説)、③共同正犯だけを意味する (共同正犯説)、というように**共犯の範囲**について
も見解が分かれています。判例は①説です (大判昭和 9・11・20 刑集 13・1514; 最決昭和 40・3・30 刑集 19・2・125)。そこで場合を整理して考えてみましょう。

7-2. 構成的身分と共犯

(1) **非身分者が身分者に加担した場合**を考えましょう。例えば、非公務員の妻Yが、公務員Xが賄賂を受け取る行為に加担した場合です。第 65 条 1 項により身分のないYも共犯となるので、残る問題は、前記 7-1.(4) の共犯の範囲です。①全面的包含説によれば、妻Yには、共同正犯も教唆犯も従犯も成立しますが、②狭義の共犯説によれば、妻Yには教唆犯か従犯しか認められませんし、③共同正犯説によれば、妻Yは共同正犯しか成立しません。

(2) 問題は、**身分者が非身分者に加担した場合**です。例えば、公務員のXが非公務員の妻Yに対して、Aが届けて来る賄賂を受け取らせた場合です。これについては、第 65 条 1 項に規定がありません。しかし、Xの収賄罪の間接正犯とYの収賄罪の

従犯を認める見解が多いです。もっとも、本話 4-2.の (2)(3) でもお話ししたように、12 歳の未成年者を利用した成人の場合でも、両者の共同正犯を認める判例もありますし、ましてや妻 Y は正常な成人ならば、しかも賄賂を受け取ることは許されないと知っているはずですから、X と Y の収賄罪の共同正犯にしてもよいと思われます。

7-3.　加減的身分と共犯

　(1) **非身分者が身分者に加担した場合**、例えば、単純賭博者 Y が常習賭博者 X に対して加担した場合です。判例の (a) 説によれば、第 65 条 2 項の「身分のない者には通常の刑を科する」場合に相当するとして、X は常習賭博罪の正犯で、Y は単純賭博罪の共犯でその刑が科されます (大判大正 2・3・18 刑録 19・353)。

　これに対して、(b)(c)(d) 説によれば、第 65 条 1 項により X のみならず Y も常習賭博罪の共犯が連帯性の論理によって成立し、第 65 条 2 項によって Y は単純賭博罪の共犯が個別化されて認められることになります (大判大正 7・7・2 新聞 1460・23)。

　(2) **身分者が非身分者に加担した場合**、例えば、常習賭博者 X が単純賭博者 Y に加担した場合は、(a) 判例によれば、X は単純賭博罪の共犯で、Y は単純賭博罪が成立しますが、第 65 条 2 項を根拠に X は常習賭博罪の共犯の刑罰が科されるとします (大判大正 12・3・23 刑集 2・54) が、しかし、第 65 条 2 項は、非身分者が身分者に加担するときの規定ですから、(a) 判例説は、共犯独立性説 (本話 3.の (2) 参照) と同じ結論になるとか、

常習性は行為の属性であって身分ではないという問題を理由に、Xも単純賭博罪の共犯とする見解があります。

7-4. 消極的身分と共犯

(1) 消極的身分には、①違法阻却身分と②責任阻却身分と③刑罰阻却身分がありますので、それぞれについて考えます。まず第1に**違法阻却身分**に関してです。非身分者Y（医師無免許者）が身分者X（医師）に医療行為を教唆・幇助した場合、Xは適法行為をしたのですから、Yには犯罪性がありません。逆に、身分者X（医師）が非身分者Y（医師無免許者）に医療行為を教唆・幇助した場合は、理由づけの見解が分かれていますが、Xの無免許医業罪の共犯を認める（大判昭和14・7・9刑集18・417）のが多数説です。

(2) 第2に**責任阻却身分**に関してです。非身分者Y（他人）が身分者X（犯人）を教唆して証拠を隠滅させた場合は、Yの証拠隠滅罪（104条）の教唆犯が認められます。逆に、身分者X（犯人）が非身分者Y（他人）を教唆して自分をかくまわせたり証拠を隠滅させた場合は、Xについて、(a)権利の濫用を理由に犯人蔵匿罪・証拠隠滅罪の教唆犯を認める見解と、(b)期待可能性がないことを理由に犯人蔵匿・証拠隠滅罪の教唆犯を認めない見解に分かれています。

(3) 第3に、**刑罰阻却身分**に関してです。例えば、（赤の他人の）非身分者Yが、（Aの子である）身分者XにXの母親Aから現金の窃盗を教唆した場合は、刑罰阻却身分は身分者Xに一身専属的なものであるから加担者の他人Yには影響しないことを理由に、Xの窃盗罪の刑は免除されるがYの窃盗罪の教唆

の刑は免除されません。逆に、身分者X（母親Aの子）が非身分者Y（他人）に対してAから現金の窃盗を教唆した場合は、上記(2)と同じ理由で、Xの窃盗罪の共犯を認める可罰説とXの窃盗罪の教唆犯は成立するが一身的に刑罰だけは阻却されるとする不可罰説に分かれます。

7-5. 不作為と共犯

　(1)　まず第1に、**不作為による共犯**です。例えば、①幼児Aに対する保護義務のある父Xと母Yが共謀してAに食事を与えずにAを餓死させた場合には、XとYは不作為の殺人罪です。②保護義務のあるXとYが不作為の態度によって他人のZに自分の子Aの殺意を抱かせることは不可能でしょう。③他人のZがXの子のAを殺害しようとしているときに、父親XがAの死を認識・認容しながら、不作為によってZの行為を容易にすれば、Aに対する保護義務のあるXは不作為による殺人の幇助罪が認められます。

　(2)　第2に、**不作為に対する共犯**です。例えば、①保護義務のある母親Xと保護義務のない愛人Yが共謀してXの幼児Aを餓死させた場合は、XもYも殺人罪の共同正犯です。保護義務のある母親Xを保護義務のない愛人のYが幼児Aに食事を与えないように教唆してAを餓死させれば、Xは不作為の殺人罪で、Yはその教唆犯が認められます。

第9話　罪数の問題

1. 罪数について

1-1. 意　　義

（1）行為者の行為が、複数の条文の構成要件に関係してくる場合がありますので、犯罪がいくつ成立するかという問題が出てきます。これが**罪数論**です。犯罪論で扱われるのが一般ですが、罪数は科刑上にも影響を及ぼしますので、次の節でお話しする刑罰論にも関係してくる問題です。

（2）更に、罪数が数罪の場合に、科刑上どのように扱うかという問題があります。その場合、訴訟法上の公訴不可分の原則と既判力の範囲を左右しますし、数罪を科刑上で1罪にすれば、一事不再理の原則によって余罪の不起訴が認められます。したがって、罪数論は、刑事訴訟における問題にも関係してきます。また、数罪が並列関係にあれば併合罪となりますし、類似的関係にあれば累犯となります。少し専門的な言葉が出てきましたが、ゆっくり見てゆきましょう。

（3）犯罪が、1罪の場合には、①本来的1罪と②科刑上1罪があります。①は、事実が構成要件に1回だけ該当する場合ですが、②は、科刑の上で1罪にして刑を科すのですから、本来

的には数罪あるということです。そして①には、更に、単純1罪、（広義の）包括的1罪、法条競合があり、法条競合は、更に特別関係と補充関係および択一関係と吸収関係があります。

　(4)　罪数が数罪ある場合ということは、事実が数個の条文（構成要件）に該当する場合でして、①単純数罪と、②科刑上で1つの罪として処理する科刑上1罪と、③何らかの方法で併合して処理する併合罪があります。そして、②には、観念的競合（54条前段）と牽連犯（54条後段）があります。

1-2.　罪数の決定基準

　(1)　行為者の犯罪意思の数によって決定するという主観主義刑法理論に依拠する①「犯意標準説」があります（大判明治36・9・29刑録9・1393）。しかし、XがA・B・Cの3人を同時に殺害する意図で殺害すれば殺人罪1罪にも拘わらず、1人ずつ順番に殺害する意図で殺害すれば3つの犯罪意思を理由に3つの殺人罪が認められることになるので不当です。これに対して、客観的な行為の数を基準にする②「行為標準説」があります（大判明治44・11・16刑録17・1944）。しかし、集合犯や結合犯を説明できませんし、1回の爆破行為によって数百人を殺害しても1つの殺人罪しか認められず、難点があります。

　(2)　侵害された法益の数を基準にする③「法益標準説」があります（大判明治41・3・5刑録14・161）。1個の行為で3人を殺害すれば、3つの生命をという法益を侵害しましたから、3つの殺人罪が成立し、科刑上で1罪にされます。しかし、Yが、A・B・Cの3人から財物を預かって占有している場合に、XがこのYから当該財物を窃取しますと、Xには窃盗罪1罪だけ

が成立するだけで、A・B・Cの3人の被害が軽視されるという難点があります。

(3) この③説の難点を修正した「**結果標準説**」は、1個の行為による1個の法益侵害でも複数の利益関係を勘案する見解です。例えば、Xが、1通の虚偽告訴状でA・Bの2人を刑事告訴した場合、侵害された法益は国家の審判作用の適正性1個ですが、虚偽告訴は、被害者の利益関係の保護も含んでいますので、2個の虚偽告訴罪が認められ、科刑上1罪として処理されます（大判明治44・11・9刑録17・1859）。

(4) ④「**構成要件標準説**」は、構成要件を充足した回数で罪数を決定する見解です（最大判昭和24・5・18刑集3・6・796）。基本的にはこの説が妥当だと思いますが、不可罰的事後行為を説明することができません。**不可罰的事後行為**とは、事前の行為の違法状態を単に利用する事後的な行為の違法性は事前行為に含まれているので不可罰とされる場合です。例えば、XがAからスマホを窃取（事前行為）して、その後にこのスマホを損壊した（事後行為）とします。この場合、事前の窃盗罪だけが認められ、事後的な損壊行為は、器物損壊罪を成立させないのです。

(5) しかし、事後行為が新しい法益を侵害すれば、別罪が成立します。例えば、XがAの預金通帳を窃取し（事前行為＝窃盗罪）、その後にこの預金通帳を利用して現金を引き出した（事後行為）場合には、この事後行為について別途に詐欺罪が成立します（最判昭和25・2・24刑集4・2・255）。基本的には④説を基準に、被害者の数や結果の数を個別に勘案して考えるべきでしょう。それにしてもここまでの解説を読まれた読者のみなさんは、刑法学には絶対的回答がないことを痛感したと思います。

2. 本来的1罪

(1) 本話1-1.の(3)でお話ししたことの中身を考えましょう。①**単純1罪**は、1個の故意と行為により1個の法益を侵害または結果を発生させた場合です。XがAを殺害する故意でAを凶器で殺害した場合です。単純に殺人罪1罪だけです。②広義の**包括的1罪**は、同じ構成要件に該当する行為が数個あっても1つの法益侵害だけと評価する場合です。③**法条競合**は、数個の構成要件を充足しても、1個の刑罰法規によって評価する場合です。②と③は、更に種類が分かれますので、以下でお話しします。

(2) ②には、集合犯、結合犯、接続犯があります。**集合犯**とは、1個の構成要件が同種の行為の反覆を予定している場合です。Xが賭博を何回も反覆してくりかえしても、常習賭博罪（186条1項）1罪にすぎません（大判大正12・4・6刑集2・309）。Xがポルノ雑誌を10冊販売しても、わいせつ物頒布罪（175条）1罪しか成立しません（大判昭和10・11・11刑集14・1165）。いわゆる営業犯とか職業犯と言われる類です。

(3) **結合犯**とは、本来異なった犯罪構成要件が1個の構成要件に結合されて含まれている場合です。例えば、強盗罪（236条）は、暴行罪と脅迫罪と窃盗罪が結合された犯罪です。**接続犯**とは、同じ方法による数個の行為が1個の構成要件に数回該当する場合でも、それらの行為が時間的・空間的に接続して行われたならば、1個の構成要件的行為と評価される場合です。例えば、XがA宅の同一倉庫から米俵を2時間ほどの間に3回

盗み出しても、1個の窃盗罪として処断されます（最判昭和24・7・23刑集3・8・1373）。

(4) ②に対して、**狭義の包括的1罪**があります。同じ法益侵害に向けられた一連の接続した数種の行為を包括して1個の構成要件に収録した場合です。例えば、XがAを逮捕して、引き続き納屋に監禁した場合です。1個の逮捕監禁罪（220条）が成立するだけです（大判大正6・10・25刑録23・1131）。XがAに賄賂を要求し、約束し、収受した場合も、収賄罪（197条）1罪が成立するだけです（大判大正10・10・23刑集14・1052）。

(5) ③の**法条競合**は、1個の行為が複数の構成要件（＝法条）に該当しても1個の構成要件が優先的に適用される場合です。例えば、一般社員ではなくて、会社の取締役のXが会社に損害を与える目的で会社に損害を与えると、Xには特別法の特別背任罪（会社法960条）が適用されて、一般法（普通法）の背任罪（刑法247条）は適用されません（第2話1.の(8)参照）。これを「**特別関係**」と言います。また、通貨偽造の器具を準備して、この器具で通貨を偽造しますと、基本法の通貨偽造罪（刑法148条）が適用されて、補充法の通貨偽造準備罪（刑法153条）は適用されません（大判明治44・7・21刑録17・1474）。これを「**補充関係**」と言います。

(6) 更に、犯罪の性質が類似しているけれども、いずれか一方の構成要件が適用される場合があります。例えば、詐欺罪（246条）と恐喝罪（249条）の間で見られます。詐欺罪と恐喝罪のいずれも被害者の瑕疵（欠陥）ある意思に基づく財物もしくは財産的利益の提供（**処分行為**）による領得罪であることでは共通していますが、ただ手段が異なるのです。詐欺罪は行為者の

「欺き」という手段による被害者の「錯誤」、恐喝罪は行為者の「暴行」「脅迫」という手段による被害者の「畏怖」を利用する犯罪です。

(7) 背任罪(247条)と横領罪(252条)との間も、通説の背信説によりますと、どちらも信頼関係を破る「背信性」の犯罪である点では共通していますが、両罪の区別の基準については、考え方がいろいろと分かれていますので、本書では触れないことにします。詳しくは、刑法各論の専門書を見てください。とても複雑です。

(8) 最後に「吸収関係」があります。これは典型的な法条競合です。これは、事実的には数個の構成要件に該当しているように見えても、最も重い主たる行為が軽い随伴行為を吸収している場合です。例えば、XがAにナイフを突き刺して殺害した場合、衣服に対する器物損壊罪(261条)と身体に対する傷害罪(204条)を経て生命を奪う殺人罪(199条)を実現していますが、重い主たる殺人罪が器物損壊罪と傷害罪を機能の面で吸収していますので、殺人罪1罪だけが成立します。

3. 科刑上1罪

(1) 刑法典第54条1項には、①「1個の行為が2個以上の罪名に触れる」ときを1罪にする場合と、②「犯罪の手段若しくは結果である行為が他の罪名に触れるとき」を1罪にする場合の2種類を規定しています。前者①を**「観念的競合」**、後者②を**「牽連犯」**と言います。①は、例えば、Xが1個の行為でA・B・Cの3人を殺害した場合で、3個の殺人罪が成立しますが、

刑罰を科する上では殺人罪1罪で処断するのです。

（2）ところが、1個の行為と評価する基準については、規定がありません。学説は分かれていますが、判例は、「法的評価をはなれ、構成要件的視点を捨象した自然的観察のもとで、行為者の動態が社会的見解上1個のものと評価をうける場合」であるとして、事物自然的に1個の行為と評価しています（最大判昭和49・5・29刑集28・4・114）。

（3）この場合の「2個以上の罪名」は、異種の罪名の場合も、同種の罪名も含むとするのが通説・判例です。異種の場合は、例えば、Xが公務の執行を妨害したところ、この公務員を傷害した場合で、公務執行妨害罪と傷害罪に触れますが、科刑上は1罪で処断します（大判昭和8・6・17刑集12・8・17）。同種の場合は、例えば、Xが1個の毒物で数人を殺害しようとした場合（大判大正6・11・9刑録23・1261）です。

（4）②の「牽連犯」は、例えば、住居に侵入して窃盗をする場合（大判明治45・5・23刑録18・658）、住居に侵入して住人を殺害する場合（大判明治43・6・17刑録16・1220）、住居に侵入して放火をする場合（大判明治43・2・29刑録16・349）があります。これらは、先行の行為が後続の行為の手段になっている事例であるのが判ると思います。「他の罪名に触れるとき」は、異種の罪名の場合も同種の罪名のときもありますが、上記の事例は異種の罪名に触れるときです。

（5）問題は、「手段−結果」関係の判断基準です。（a）主観説、（b）客観説、（c）折衷説に分かれていますが、通説は、経験則上、通常「手段−結果」にあると見られるか否かという（b）説です（大判大正6・2・26刑録23・134）が、行為者が「手段−結

果」関係にするという主観的な意思と客観的経験則の両面から
「手段 - 結果」関係にあるか否かで判断する折衷説もあります
（最大判昭和 24・12・21 刑集 3・12・2048）。観念的競合の場合と
同様に事物自然的に評価するべきでしょう。

4. 併　合　罪

　（1）**併合罪**とは、同一人の確定判決を経ていない数罪を一括
して処理することでして、観念的競合に対して**実在的競合**とも
言います。確定判決とは、一事不再理の効力を有する裁判の確
定です。例えば、①確定判決を経ていない数罪 A・B・C があ
る場合、刑法典第 45 条前段に従い、即刻に併合罪とされます。
②しかし、この中で、例えば C 罪が禁錮以上の刑に処せられる
確定判決があれば、C 罪と C 罪確定以前の A 罪と B 罪とが併合
罪にされます。

　（2）禁錮刑以上の刑とは、死刑、懲役刑、禁錮刑のことです
から、C 罪の確定判決が罰金刑でしたら、やはり、A・B・C
のすべての犯罪が併合罪とされます。併合罪にする方法は、
(a) 各犯罪のなかで最も重い刑罰で処断する**吸収主義**、(b) 最
も重い刑罰に一定の加重をして処断する**加重主義**、(c) 各犯罪
の刑罰をすべて併せて処断する**併科主義**がありますが、日本で
は、(b) 説を原則として、(a)(c) 説を加味しています。アメリ
カでは (c) 説ですので、懲役 120 年という場合が出てくるので
す。

　（3）なお、監禁罪のような継続犯、常習賭博罪のような集合
犯、包括的 1 罪などについては、犯行途中で別罪に確定判決が

介入しても刑法典第45条後段の適用はありません。行為終了後に1罪として論じられます。例えば、3年間ピストルを不法所持している間に窃盗をして、窃盗罪の懲役刑が確定した場合です。銃砲等不法所持罪（継続犯）と窃盗罪は、併合罪にならずに単純に数罪（この場合2罪）です。

　(4)　また、併合罪となる数個の犯罪のうちで、死刑・無期懲役・無期禁錮に処せられる犯罪が1罪ある場合には、他の刑は科されません。ただし、その1罪が死刑の場合には没収は科されますし、無期懲役・無期禁錮の場合には罰金・科料・没収は科されます（46条）。その他、特殊な処理の場合がありますが、刑法典第47条から第53条に規定されていますので、確認してください。

　(5)　更に、共犯と罪数の問題もありますが、本書では触れないことにしますので、専門の刑法総論の書物で確認してください。また、Xが自動車運転中に通行人Aに傷害を負わせ、そのまま逃走した不作為犯の場合には、道交法上の救護義務違反罪と報告義務違反罪は、(a) 観念的競合なのか（最大判昭和51・9・22刑集30・8・16）、(b) 併合罪（多数説・最大判昭和38・4・17刑集17・3・229）なのか見解が分かれていますし、「**かすがい現象**」という難しい問題もありますので、専門書で確認してください。

第10話　刑罰と保安処分

1.　刑罰について

1-1.　刑罰の本質

（1）現在、懲役刑・禁錮刑・拘留刑に代表される刑罰は、一定期間犯罪者の自由を拘束する「**自由刑**」です。古い時代には、社会の安全のために犯罪者をただ単に社会から隔離する「保安刑」でした。そのためには、島流しのような追放刑もありました。杖刑や鞭打ちのような「みせしめ刑」のような残虐な刑罰もありました。やがて、ベッカリーアとかフォイエルバッハなどの刑法学者による啓蒙的人道主義に根差す自由刑が出てきたのです。彼らは、罪刑（犯罪と刑罰）の均衡性と残虐刑の廃止を要請しました。

（2）罪刑の均衡といっても、古代の「目には目を、歯には歯を」という**同害報復**（タリオ talio）＊の思想は、単なる復讐刑（応報刑）の意味が強いですので、同等以上の過重な刑罰を許さないという抑制均衡の刑罰思想と解するべきです。しかし、復讐を受けることによって責任を清算するという単なる「責任清算論」では、犯罪者にとっても社会にとっても有益ではありません。それは、単なる処分だけを重視する形式の自由刑でしかあ

145

りません。犯罪者の行った過去の事実にばかりとらわれていて
も、生産的な意義がありません。

　＊**同害報復**は、ハンムラビ法典第 196 条と 197 条に定められたの
　　が最初のようです。旧約聖書の「レビ記」第 24 章 20 節にも書
　　かれています。新約聖書の「マタイの福音書」第 5 章 38 節にも
　　書かれていますが、ここではむしろ、報復を戒め隣人愛を説い
　　ています。

　（3）むしろ、犯罪者を改善して、2 度と犯罪を行わないよう
に教育することによって、社会を犯罪から防衛することの方が、
本人にとっても社会にとっても生産的です。こうして、犯罪者
の教育・改善を目的とする目的刑論が、ドイツの刑法学者のリ
ストなどから強調され、処遇形式の自由刑が出現したのです。
復讐ではなくて、自由の制限とか、罰金といった代替刑が望ま
しいとされたのです。
　（4）しかし、刑罰は責任の具現化ですから、刑罰は責任の量
を下回ることは許されても超えることは、人権保障の面から許
されません。窃盗を繰り返す X の常習性を改善するためには、
10 年以上も必要だということを理由にして、15 年も刑事施設
に収容することは許されません。刑法典第 235 条では、窃盗罪
は 10 年以下の懲役と規定されています。したがって、刑罰の
改善機能には、責任主義によって期間的に限界があります。そ
こで、施設外での改善策の必要性が出てくるわけです。これが
社会内処遇の必要性に結びつくのです。

1-2. 刑罰の種類

（1）日本の刑法では、刑罰には、死刑、懲役刑、禁錮刑、罰金刑、拘留、科料という**主刑**と、没収という**付加刑**があります（刑法典9条）。主刑は、独立に科す刑で、付加刑は主刑に付加することによってしか科すことはできません。なお、勾留は未決拘禁のことで、過料は行政法上の処罰ですから刑罰ではありません。懲役刑も禁錮刑も無期刑と有期刑があり、有期刑は1月以上20年以下の自由拘束です（刑法典12条・13条）。

（2）懲役刑は、刑務作業が科されますが、禁錮刑には刑務作業がなくて、独居房に収容されるだけです。刑務作業は、応報刑の時代には、破廉恥犯罪に対する見せしめのための苦役として作業が科されましたが、今日では、教育・改善を目的に本人が勤労意欲を身につけるために科されています。禁錮刑は、非破廉恥罪である政治犯とか確信犯の場合には、苦役を科す必要はないという理由で刑務作業を科さないことにしました。

（3）しかし、犯罪はすべて破廉恥な行為ですから、懲役刑と禁錮刑の間で区別することは疑問です。しかも、刑事施設内で何もしないで毎日も独居房にいることは、むしろ苦痛です。現在の禁錮刑者には政治犯も確信犯も皆無に近く、業務上過失致死傷罪者ばかりでして、その禁錮刑者のほとんどが、刑務作業を請願して働いており（刑事収容施設及び被収容者等の処遇に関する法律93条）、第1話2-1.(2)でお話ししたように、現在、懲役刑と禁錮刑を区別しないで一本化する方向で検討されています。

（4）罰金と科料については、第1話2-2.(5)でお話ししましたが、自由を拘束する自由刑と異なり、罰金刑と科料の場合に

は、責任と罰金額が比例していたとしても、富裕者には苦痛ではないし改善の矯正的効果が薄いのに対して、貧困者には苦痛であるという不公平な問題があります。しかも、罰金を完納できない貧困者は、1日以上2年以下も労役場に留置され、科料を完納できない貧困者は、1日以上30日以下も労役場に留置されます（刑法典18条）。

　(5) そうしますと、貧困者はけっきょく自由刑と同じように自由を拘束されることになりますから疑問です。そこで、①日割罰金制とか②延納・分納制が主張されています。北ヨーロッパやドイツでは、①が採用されていますが、むしろ、受刑者の経済事情や支払い能力を勘案して、①と②を上手く組み合わせることが望ましいように思われます。

1-3. 死刑制度について

　(1) 死刑は、1989年12月15日の国連総会において採択された通称「死刑廃止国際条約」が1991年に発効し、ほとんどの先進諸国では死刑は廃止されましたが、日本やアメリカの多くの州およびイスラム教圏の国では死刑が認められています。死刑の廃止は、トマス・モアの『ユートピア』（1516年）を契機として、ベッカリーアの『犯罪と刑罰』（1764年）、ミッテルマイヤーの『死刑論』（1840年）を経て、多くの人々から主張されてきました。日本では、植木枝盛、西周、津田真道、花井卓蔵、岡田朝太郎、勝本勘三郎、正木亮、木村亀二、団藤重光などがいましたし、今日では多くの刑法学者が死刑廃止論者です。

　(2) **死刑廃止論**（反対論）の根拠は*、①何よりも誤判（間違った裁判）に対する実践的理由です。間違って無実の人を死刑に

処してしまえば、後日に無実が判明しても、取り返しがつかないからです。②制度的な理由としては、国家は国民に対して殺人を禁止しているのだから、国家にも殺人をする権利はないはずだということです。③しかも、死刑は、憲法第36条で禁止している残虐刑であるし、④死刑をすれば、現代の刑罰目的である教育・改善機能が不可能になりますし、犯罪を予防する抑止効果がないということです。⑤そして感情論としては、死刑賛成の世論に左右されず、むしろ、生命尊重の教育を重視するべきだということです。

　＊団藤重光『死刑廃止論』(第5版)有斐閣1997年参照。

　(3)　**死刑存置論**(賛成論)の根拠は、①現在の裁判制度は三審制度で3回も裁判をするので誤判はあり得ない。あり得るとすれば、誤判は、死刑だけでなく懲役刑の場合にもあり得る。②国家は、生命を奪った者からその生命を奪い返すことは、犯罪と刑罰の「比例性の原則」に適っている(永山事件・最判昭和58・7・8刑集37・6・609)。③憲法第36条が禁止している残虐刑は、例えば「火あぶり刑」のような刑罰執行方法の残虐性であり、今日の絞首刑は残虐ではないし、憲法第31条では、法律の適正な手続きを経れば生命剝奪を許している。④死刑にも一般国民に対する犯罪の抑止機能はある。⑤日本の世論は、凶悪犯罪者に対する死刑を認めているなどの理由です。

　(4)　読者のみなさんも死刑制度の是非を真剣に考えて議論してみてください。死刑の代替制度としては、①仮釈放のない無期刑(終身刑)、②仮釈放のある無期刑、③長期の有期刑、④死刑執行猶予制度などが考えられています。しかし、①終身刑は

死刑よりも残虐ですし、終身刑でも誤判に対する完全な回復処置は困難であるとか、②では現行法とそれほど変わりがないし、③長期の有期刑の基準が問題である、④死刑執行猶予制度だけではなくて、仮釈放の困難な無期刑と組み合わせるべきである、などといった意見があります。

(5) なお、無期懲役と無期刑（終身刑）は本質的に違うことに注意してください。前記(4)の②で仮釈放のある無期刑は現行法と変わりないと言いましたように、現行法の無期懲役は、そもそも刑法典第28条で一定の条件付きで仮釈放が認められているのです。無期刑は、本来、仮釈放がないまま刑事施設に終身収容される制度です。

1-4. 没収と追徴

(1) **没収**も財産刑の一種です。対象は、犯罪に関係する犯人の「所有物」です。没収は、この所有物を国庫に帰属させる処分です。犯人以外でも、犯罪後に事情を知って取得した物も没収されます。裁判官の裁量による任意的没収（刑法典19条）と、「賄賂」のように必ず没収する必要的没収（刑法典197条の5）があります。没収の対象物は、刑法典第19条に規定されています。犯人の所有権に帰属した時期については、(a) 犯罪時点か、(b) 没収判決宣告時点かで見解が分かれています。

(2) **追徴**は、没収が不可能になった場合の没収刑に代わる**換刑処分**で**付加刑**です。①例えば、犯罪行為によって生じた「生成物」、②犯罪行為によって得た「取得物」、③犯罪行為の報酬として得た「報酬物」、④これらの物の対価として得た「対価物」などが没収できなくなった場合に、その没収できなくなっ

た物の相当価格を国家に帰属させる処分です（刑法典 19 条の 2）。Xが、A宅から盗んだ布（反物）に裏地を付けて着物に加工した場合です。現物の布（反物）と着物には同一性がなくなりましたので、現物の布に相当する価格を犯人から剥奪します。

（3）追徴の価格の算定時期については、判例は（a）犯行時説（最大判昭和 43・9・25 刑集 22・9・871）ですが、（b）没収不能時説と（c）裁判時説に分かれています。しかし、将来に確実に価格上昇が見込まれる未公開株を賄賂として収受した場合などは、市場価格形成時点の価格で算定して追徴すべきだとの見解もあります（殖産住宅事件・最決昭和 63・7・18 刑集 42・6・61）。なお、追徴は、「追徴することができる」（刑法典 19 条の 2）という裁量的処分ですが、必要的処分もあります（刑法典 197 条の 5、組織的な犯罪の処罰及び犯罪収益の規制等に関する法律 16 条 2 項）。

1-5. 刑罰の適用

（1）刑罰法規に規定されている刑罰を「法定刑」と言いますが、刑罰は、犯罪が成立しても例外的に左右されることがあります。例えば、事前収賄罪の「公務員になった場合」（刑法典 197 条 2 項）という客観的処罰条件とか、「配偶者、直系血族又は同居の親族」らによる人的処罰阻却事由（刑法典 244 条）です。したがって、裁判では、法定刑が、これらによる一定の加重ないし減軽をして修正した処断刑から実際の宣告刑へと展開する場合があります。

（2）自由刑では、上限を長期、下限を短期と称しますし、財産刑（罰金・科料）では、上限を多額、下限を寡額と称します。そして、前記（1）項でお話しした処断刑にする法定刑の加重事

由には、①併合罪加重（刑法典 47 条）と②累犯加重（刑法典 57 条）がありますし、減軽事由には、①「刑を減軽することができる」任意的減軽と②「刑を減軽する」必要的減軽があります。併合罪加重は、第 9 話の 4. でお話ししました。

　（3）懲役刑の執行を終わった者が、一定期間内に再び懲役刑に当たる犯罪を行うことを「**再犯**」と言い、再犯以上の犯罪をすべて「**累犯**」と言います。19 世紀後半の産業革命後の時代には、貧富の差が激しくなり、貧困層の累犯が激増したことが契機となって累犯対策が進みました。①広義の累犯は、確定判決を経た犯罪（前犯）に対する後の犯罪（後犯）のことで、②狭義の累犯は、①のうち一定の要件を条件に刑が加重される場合ですが、①については第 9 話の 4. でお話ししましたので、ここでは②についてお話しします。

　（4）なお、上記①の場合に、前犯と後犯の罪質が同じ場合を特別累犯、異なる場合を一般累犯と言い、②の場合には、普通累犯と常習累犯があります。常習累犯は、一般に常習犯と言われているもので、累犯者が常習性を有している場合です。常習賭博罪（刑法典 186 条 1 項）とか常習窃盗・強盗罪（盗犯等防止法 3 条）があります。第 8 話 7-3.（2）でも若干触れたように、常習性が行為の属性か行為者の属性かについては、見解が分かれていますが、客観主義的刑法理論からは、行為の属性と考える方が妥当でしょう。累犯加重の要件と加重方法については、刑法典第 57 条と第 59 条を見てください。

1-6.　自首と自白および執行猶予

　（1）**自首**は、犯人が自己の犯罪事実について発覚する前に捜

査機関に申告して、その処分を求める行為であり、刑罰を減軽されることがあります（刑法典42条1項）。申告方法は、検察官または司法警察職員に対して口頭か書面で行います。親告罪については、告訴権者に対して自己の犯罪事実を告げて、その措置を委ねれば、前条1項と同じです（同条2項）。

(2) **自白**とは、犯人が自己の犯罪事実の全部または一部を捜査機関に対して供述することです。自白についての一般的な規定は刑法典の総則にはありませんが、各則規定のなかには個別に存在します。例えば、偽証罪（170条）と虚偽告訴罪（173条）の場合です。刑罰の減軽と免除の理由は、自首の場合とおなじです。

(3) 刑罰の法律上の**減軽方法**は、刑法典第68条以下に規定されていますが、それに従った場合でも、まだ刑が重いと思われる場合（大判昭和7・6・6刑集11・756）には、「犯罪の情状に酌量すべきものがあるとき」（刑法典66条）として裁判官により任意に酌量減軽されます（刑法典67条）。酌量減軽の方法も法律上の減軽と同じです（刑法典71条）。

(4) 刑罰の**免除**とは、犯罪の成立があっても、刑の免除事由がある場合に、刑罰の言い渡しをしないで刑罰を免除することを言い渡す判決のことです。①「刑を免除する」と言い切っている規定の必要的免除事由と、②「刑を免除することができる」と規定している任意的免除事由があります。①は、中止未遂の第43条「但書」、自首に関する第80条と第93条があります。②には、過剰防衛の第36条2項、過剰避難の第37条「但書」、偽証罪の自首第170条があります。

(5) 有罪が確定して、刑罰の言い渡しが行われると、国家の

刑罰権が現実化されて刑罰が執行されます。このうち、自由刑の執行を「**行刑**」とも言います。ところが、刑罰を言い渡すときに、一定の条件の下で、一定期間その執行を猶予して、その期間が無事に経過したときには、刑罰権の消滅を認める制度があります。これを「**刑の執行猶予**」制度と言いますが、刑の全部執行猶予（刑法典 25 条）と刑の一部執行猶予（刑法典 27 条の 2）があります。沿革的には、イギリスの有罪判決の宣告猶予制度とかアメリカの刑の宣告猶予制度が源泉です。

　(6)　ヨーロッパでも、①猶予期間を無事に経過すれば有罪判決そのものを失効させて、初めから刑の言い渡しがなかったものにする条件付有罪判決主義（フランス・ベルギー）と②猶予期間を無事に経過すると、刑の執行を免除するだけとする条件付特赦主義（ドイツ）があります。日本は、純粋の条件付有罪判決主義です（刑法典 25 条〜 27 条の 7）。もっとも、猶予期間が経過しない間は、刑の執行を実施しないだけで、刑に処せられていることには変わりない犯罪者です。

1-7.　仮釈放と仮出場

　(1)　「**仮釈放**」（刑法典 28 条と少年法 58 条）は、自由刑（懲役刑・禁錮刑）に処せられて刑事施設に収容されている者を、収容期間が満了する以前に、一定の条件付きで仮に刑事施設から釈放して、一定期間をその条件を成就して無事に過ごせば、残りの刑期の執行を現実に免除する制度です。これは、受刑者の人権を尊重して、無用の拘禁を避け、受刑者に将来的な希望を与えて、早く社会復帰することを促すための制度です。

　(2)　一定の条件とは、「**改悛の状**」があるときで、有期刑の

場合には刑期の3分の1を経過したときに、無期刑の場合には刑期の10年（少年は7年・少年法58条）が経過したときに仮釈放されます。仮釈放は、行政官庁（地方更生保護委員会）が行います。そして、仮釈放者は、保護観察に付されますが、遵守事項が与えられ、その遵守事項に違反しますと、仮釈放が取り消されます。なお、少年院収容者の仮退院（少年院法135条）と婦人補導院収容者の仮退院（売春防止法25条）も仮釈放です。

（3）「仮出場」（刑法典30条）は、①拘留刑に処せられた者と②罰金刑または科料に処せられたけれども完納することができないので労役場に留置された者を一定の条件付きで仮に出場させる制度です。一定の条件として、**「情状により」**ますが、仮釈放とは違って、「改悛の状」は必要ありません。刑期の経過に拘わらず「いつでも」仮出場させることができます。

1-8. 刑罰の消滅

（1）「刑罰の消滅」は、初めから刑罰権が発生しない処罰阻却事由ではなくて、犯罪成立によって発生した具体的刑罰権の消滅のことです。(a) 刑罰執行権消滅事由と (b) 刑の言い渡し効力の消滅事由があります。(a) には、①刑の執行終了、②仮釈放期間の満了、③刑の執行の免除、④時効の完成、⑤犯人の死亡と法人の消滅があります。(b) には、①執行猶予期間の満了、②恩赦、③法律上の復権があります。

（2）**「時効」**は、具体的刑罰権が、一定期間に行使されないことによって刑罰権を消滅させる制度です。時効の根拠づけ理由には、いろいろな学説があります。例えば、(a) 一定の事実状態が長く定常化することによって証拠も失われ立証困難であ

る（罪証消滅説）、(b)長期間の逃亡によって刑罰に代わる苦痛を受けている（苦痛説）、(c)犯罪に対する社会の規範感情が緩和し処罰感情が薄れている（規範感情緩和説）、(d)定常化した事実状態を尊重するべきである（事実状態尊重説）などです。これらすべてを総合的に考えるべきでしょう。

(3) 時効には、①判決確定前の「**公訴の時効**」と②判決確定後の「**刑の時効**」（刑法典31条以下）があります。①については、一定の期間内に公訴の提起がないと訴訟法上の公訴権が消滅し、実体法における観念的な刑罰権も消滅します。公訴権の消滅時効は、刑事訴訟法第250条に規定されていますし、時効の進行は、同法第253条に規定されています。公訴の時効が完成すると、裁判所が「**免訴の言い渡し**」をしなければなりません（同法337条）。

(4) ②の時効は、判決確定後に一定期間が経過しますと、刑罰執行権が消滅して、刑の執行が免除され刑の時効が完成します。そして、刑の言い渡しが確定してから時効が進行を開始します。ただし、刑の執行猶予の場合（刑法典33条）と死刑・懲役・禁錮・拘留の場合には事情によって（刑事訴訟法479条・480条・482条）、時効の進行が中断します。これを「**時効の中断**」と言います。

(5)「**恩赦**」は、権力によって刑罰権の全部または一部を消滅もしくは減軽することです。恩赦には、①大赦、②特赦、③減刑、④刑の言い渡しの免除、⑤復権という種類があります（恩赦法1条）。恩赦には、政令によって一律に行われる政令恩赦ないし一般恩赦と特定の者に対して個別的に行われる個別恩赦があります。いずれも、社会事情の変化（可変性・動態性）と

法律の一律性（静態性）との差を埋める客観的側面と犯人の改善性という主観的側面を考慮して行われます。

（6）**大赦**は、政令で定めた種類の罪に該当する犯罪者全体の公訴権と刑罰権を消滅させます。**特赦**は、有罪の言い渡しを受けた特定の者に限って有罪の言い渡しの効力を消滅させます。**復権**は、刑の言い渡しに伴う資格制限などを、刑の執行が終わった段階で消滅させて、資格を復活させるものです。ですから、刑の執行が終わっていない者または刑の執行の免除を受けていない者には適用されません。これを「**恩赦による復権**」と言い、一般復権と個別復権があります。

（7）これに対して、別に、刑の執行が終わっているにも拘わらず、資格制限だけが残っていると、通常の健全な国民として社会復帰することが困難ですので、このような者の前科を抹消するために法律でもって資格の復活を認める「**法律上の復権**」があります。恩赦は、いずれにしても、権力者の都合によって濫用されるおそれがありますので、注意を要します。

2. 保安処分

2-1. 意　義

（1）日本の刑法典には、保安処分の規定はありません。したがって、形式上は、日本の刑法は刑罰一元主義です。しかし、特別刑法には、保安処分に相当する規定がありますので、実質的には、刑罰 – 保安処分の二元主義です。刑罰を排斥する保安処分一元主義は、近代学派の主観主義刑法理論が主張していました。イタリヤのフェリー刑法草案（1921 年）、ソビエト・ロ

シア刑法典（1926年）などが典型的な国です。ちなみに、ドイツ刑法典（1933年）は、刑罰のほかに、改善と保安の処分として、自由剥奪の処分と自由制限の処分6種類を規定している二元主義です（61条〜72条）。スイス刑法典（1937年）、イタリヤ刑法典（1930年）、その後のソビエト刑法典（1960年）なども二元主義です。

　(2)　刑罰は、過去の犯罪事実に対する責任と、それに基づく非難ないし非難可能性を前提とするので（通説）、応報的性質の強い制裁ですが、保安処分は、行為者の犯罪的危険性を将来に向けて改善ないし除去する処分です。そして、犯罪の危険性のある者から社会を防衛するための保安処分を**広義の保安処分**と言いますが、犯罪事実もないのに処分することは人権保障の観点からも許されませんので、あくまでも犯罪事実を前提とした行為者本人の犯罪に対する特別予防的な処分としての**狭義の保安処分**に限定すべきでしょう。

2-2.　種　　類

　(1)　日本の保安処分に相当する処分としては、①少年法における保護処分（少年法24条）も保安処分の一種ですが、犯罪の危険性を目的とするのではなくて、あくまで少年の保護と健全育成を目的とする福祉目的の保護処分ですので、本来的な保安処分ではありません。②売春の勧誘などの罪を犯した満20歳以上の女子で、懲役・禁錮の執行猶予をされた者を婦人補導院に収容する補導処分があります（売春防止法5条・17条・18条）。

　(2)　このほかに、③仮出獄・仮退院などの仮釈放に付される保護観察処分があります。これは、収容施設の外で、自ら改善

と更生を図ることを目的とする社会内処分であり（更生保護法1条・49条）、保安目的の処分ではありません。④保護観察中の補導援護とか刑の執行を猶予されたような「刑事上の手続又は保護処分による身体の拘束を解かれた後」の者に対する「更生緊急保護処分」がありますが、これも、宿泊所供与とか食事・衣料の給与や医療救助などの援助・更生保護が目的でして（更生保護法58条・85条）、保安目的の処分ではありません。

（3）「精神保健及び精神障害者福祉に関する法律」（略称：精神保健福祉法）による「入院措置」は、本人の自傷行為や他人に対する他害行為の危険性を防止するための処分です（同法29条1項2項）。また、破壊活動防止法では、暴力主義的破壊活動を行った団体に対して、継続・反覆して将来さらに同じ行為を行う明白なおそれがあると認められる充分な理由があれば、そのおそれを除去するための処分が認められており（同法5条1項本文）、活動を一定期間禁止したり（同条1項1号・2号）、団体を解散させたりします（同法7条）。これは、広義の保安処分に近いです。

第11話　ひとやすみの余話
（システム思考について）

1.　この話をする理由

　（1）システム思考については、本書の初版と新版でもお話し
しましたが、第3版となる全訂版では、刑法各論をお話しする
ために、頁数の都合で割愛しました。しかし、今回は、初心に
帰って、刑法各論を他の専門書に譲ることにしましたので、頁
数に余裕ができました。そこで、もう一度、このお話を復活す
ることにしたのです。法の世界もシステムですので、お話しす
る意義があると思います。

　（2）特に、「世界システム論」を提唱しましたアメリカの社
会学者であり歴史学者でありますイマニュエル・ウォーラース
テイン教授が、2019年8月31日に逝去されましたので、私な
どは彼の足元のその下にまでにも及びませんけれども、本書の
改訂版を手掛けている折ですので、この機会にシステム論につ
いてお話しすることは必要であると思いました。

　（3）後述しますが、どのような学問にも独自の考え方（方法
論）があり、刑法においても見解（学説）の相違が議論されるの
は、それぞれの学者の世界観なり方法論が異なるからです。私
の刑法理論は、存在論を基礎にした刑法学から、システム論に

よる刑法理論へと変遷して今日に至っていますので、とりわけシステム理論を紹介しておきたいと思いました。

（4）ちなみに、私の博士論文は、『刑法学方法論の研究—存在論からシステム論へ—』（八千代出版 1991 年）ですし、研究書にも『システム思考と刑事法学—21世紀刑法学の視座—』（八千代出版 2010 年）がありますので、関心のある方は目を通してみてください。私の考え方が、刑法学のどの点に現われるのかが解ると思います。

2. すべてがシステム

（1）まず最初に、この世のすべての現象と実態がシステムであることをお話しします。システムは、部分システムないしサブシステムあるいは要素の集合体・統合体です。しかし、単にそれらの算術的な総和ではありません。それ以上の性質を有するのがシステムです。例えば、この大宇宙は小宇宙の集合体ですし、小宇宙は銀河や星雲の集合体ですし、銀河は恒星集団の集合体ですし、恒星集団は太陽系システムのような恒星と惑星の集合体ですし、太陽系というシステムは太陽と惑星の集合体です。

（2）この状態は、見方を変えると、太陽を中心に多くの惑星を要素とする太陽系システムがあり、太陽系システムのような集団を要素とする銀河システムがあり、銀河や星雲という部分システムによって小宇宙が構成され、小宇宙というサブシステムによって大宇宙が構成されていると把握することができます。この大宇宙は、もちろんビッグバンによって、どんどんと分化

されてきましたし、現在も分化し続けています。最近では、この大宇宙がブラックホールを通してさらに大宇宙を産み出し分化しながら膨張し続けているのではないかという見解も出ています。「分化」については、次節 3.でお話しします。

（3）他方、人間も生物学的には 1 つの生体システムでして、神経システム、筋肉システム、血流システム、骨格システム、消化器システムなどの部分システムから形成されています。そして、それぞれのシステムは、またサブシステムから形成されていて、各サブシステムは細胞という要素から形成され、細胞は分子から形成され、分子は原子から形成され、原子は電子・陽子・中性子から構成され、中性子は素粒子から形成されています。

（4）人間の脳は、大きくは、大脳と小脳と脳幹から構成されていますが、その大脳は、古い皮質の中核・偏桃体・海馬・帯状回と新しい皮質の前頭葉・後頭葉・頭頂葉・側頭葉そして大脳基底核から構成されています。そして、大脳皮質は 1 兆個ほどのニューロン（神経）から構成され、このニューロンは 1000 兆個ものシナプスを有していると言われますので、脳の世界は大宇宙に匹敵するほどの複雑なシステムだと言えます。

（5）そして、この①脳と②心（精神）を宿す肉体と③筋肉・骨格・神経・循環器・消化器などの物理的な身体が統合された単位体というシステムとしての人 = 人間が、感じ・考え・意欲し・目標設定し自由に行為するのです。最近の脳科学が言うように、脳が考え意思決定するので、自由意思は幻想であるという考え方は間違っていると思います。もしそうだとすると、違法行為の責任は誰が担うのでしょうか。脳が担うのでしょうか。

脳が刑事裁判を受けて、脳が刑事施設に収容されるのでしょうか。おかしいですよね。この点については、拙著『自由意思と刑事責任—脳科学を顧みて—』(八千代出版 2017 年) を垣間見てください。

　(6)　自動車はどうでしょうか。大きくは、動力(モーター)システム・ブレーキシステム・伝導システムなどから構成されていますが、モーターはシリンダー・ピストン・パイプ・電動管などから構成されています。新しい自動運転車では、探知(インプット)システム・計算(処理)システム・作動(アウトプット)システムなども加わるでしょう。しかし、構成されてしまった統一体(個体)としての自動車は、各要素ないしサブシステムには存在しない「走る」という高次元の性質を獲得します。ピストンだけでは走れません。

　(7)　野球は、ピッチャー・キャッチャー・ファースト・セカンド・サード・レフト・センター・ライトの役割要素が相互作用システム(チーム)を形成することによって初めて競技をすることが可能です。各要素だけでは競技をすることはできません。これと同じように、2 人以上の人が集まって初めて「家族」というシステムが形成され、家族が集まって村落共同体が形成され、村落共同体が集まって地方公共団体が形成されて社会システムが出来上がり、社会システムが集まって国家システムが形成され、国家システムが集まって世界システムが形成されます。しかし、世界システムの安定性(定常性)は、部分システム(国家システム)の境界(壁＝国境)を透過する相互作用が必要です。

　(8)　社会システムもまた、文化システム・政治システム・経済システム・法システムの統合体です。そして、法システムは、

公法システム・私法システム・社会法システムの統合体です。公法システムは、憲法・刑法・刑事訴訟法・行政法などの統合体ですし、刑法は、普通刑法（刑法典）と特別刑法から成り、刑法典は、総則編と各則編の集合体ですし、各則編は、多数の章から形成され、章は条文から、条文は文章から、文章は言葉と単語から形成されています。そして法システム全体の安定性は、さまざまな法（律）の相互作用関係が必要です。例えば、過失の器物損壊行為は、刑法では処罰しないで民法の損害賠償責任に委ねていることは、第5話の1.(4)でお話ししました。

3. システムの分化

（1）システムは、部分システム・サブシステム・要素へと構造的・機能的に分化することによって、システムの秩序が増大し複雑性が減少します。システムは、サブシステムや要素の集合体ですが、見方を変えると、システムが分化していると考えることができます。例えば、最初は混沌としたカオス（無秩序）な状態であった宇宙の塵の塊がビックバンによって爆発し、小宇宙→銀河系→恒星集団→惑星集団へと分化しながら現在の安定した大宇宙が形成されてきたとされています。

（2）地球は、鉱物群・植物群・動物群へと分化し、植物群や動物群は、類→系→種へと分化してきました。人間という有機体ないし生体のシステムも、細胞が構造的・機能的に分化を重ねながら、環境に対して理想的な現在の安定したシステムを形成してきたのです。社会システムも同じです。原始状態の社会は、やがていくつかの国家に分化して、国家は構造的に地方自

治体に分化し、機能的には、政治システム・法システム・経済システム・分化システムへと分化してきました。

　(3) 法システムもまた、歴史的に分化してきたと言えます。当初は混沌とした法システムも、やがて実体法システムと訴訟法システムへと機能的に分化しましたし、他方では、公法システムと私法システムに分化しました。その後、経済的弱者を保護するために、私的自治の原則が修正され（無制限な自由を抑制し）、私法の公法化現象が生じ、やがて社会法（例えば労働法や福祉法）が生まれました。このようにして法も進化してきたのです。そうしなければ、法システム自体が安定しませんし、法システムが安定しなければ社会システムも安定しないからです。したがって、システムの分化と秩序の増大ないし安定性の確保は比例関係にあるのです。

4. システムと周界

　(1) システムは、システムと要素ないし全体との関係です。ですから例えば、システムＡから見れば、他のシステムＢは、Ａの周界（環境）です。しかし、それらＡとＢは、相互に関係を維持しながら、より大きいシステムＸの要素ないし部分システムとして、その大きいシステムＸを形成しますから、システムは、常に他のシステムあるいは要素ないし全体と相互関係を持ったものであるわけです。換言しますと、システムＡは、他のシステムＢと一緒になって、より大きいシステムＸの部分システムとして機能し、一方では、あるシステムＸは、より小さいシステムＡとＢから形成されているシステムでして、要素間

でも相互作用があるし、要素と全体との間でも相互作用があります（このような理論を「メレオロギーMereologie/mereology」と言います）。

　（2）例えば、法システムＡは、他の政治システムＢ・経済システムＣ・文化システムＤと一緒になり、より大きい社会システムＸを形成し、そのＸの部分システムとして機能しています。一方、法システムＡは、より小さい公法システムａ・私法システムｂ・社会法システムｃを要素として形成されたシステムとみなすこともできます。つまり、法システムＡは、他のシステムＢ・Ｃ・Ｄと相互に関係しながら、全体としての社会システムＸの安定に寄与しながら、自分Ａの安定のために、要素ａ・ｂ・ｃへと分化して、ａｂｃに相互作用させて、その成果を自分Ａに還元させている（フィードバックfeedback＝帰還）のです。

　（3）人間もまた、古代の単細胞生物が、神経・骨格・血流・消化器などの各システムに分化し、それらを関係づけ媒介する脳というシステムを発展せながら進化してきた結果の統合的なシステムなのです。結局システムは、統合と分化の繰り返しと変遷であると言えます。システムは、自己の安定化つまり自己保全のために都合の良いように分化したり統合したりしているわけです。それは、自己と周界（環境）との間の相互作用関係つまり情報と資源とエネルギーの絶えないインプット（input入力）・アウトプット（output出力）関係によるものなのです。

5. システムの性格

（1）システムは、制御とフィードバックの作用によって自己を環境に適応させ、または環境を自己に合わせて変更して自己保全をします。この動態的な（dynamic）可変性（flexibility）こそが、システムの定常性（安定性）を保全しているのです。この可変性のないシステムは、永遠に膨張するか収縮するかのいずれかであり、やがて崩壊します。安定して秩序のある（cosmos）システムから無秩序な（chaos）システムに変わるのです。

（2）システムは、どのシステムも一定の目的を持っていて、その目標値（未来値）と現在値との間の誤差を常に自分にフィードバックして、現在値を修正して目標値に向けて自分を自己制御します。一回でピタリと目標値に合わせることは不可能ですから、この自己制御を幾度も繰り返しながら目標に向かいます。したがって、その都度の修正目標値が出てきますから、それが中間目標値になります。こうした自己制御の繰り返しが、目標達成までのシステムの可変性を意味します。

（3）古代の帆船の操縦を考えてみてください。船長が、ある島に行く目標を設定します。しかし船は、海流の方向と速さ、風速・風力などの攪乱要因によって影響されて一気には目標の島に行けません。攪乱要因によって生じる目標値と現在値との「ずれ」の修正を幾度も繰り返しながら目標の島に到達しなければなりません。このためには、見張り、舵取り、帆の調整員などの部分システムが相互に連絡し合いながら船長の修正値に従って調整し合うことによって、全体の船というシステムが目

標に向かって安定するのです。この調整を怠ると、モーリシャスのタンカー座礁に至るのです。

(4) 21世紀は、人口増加・食料変異・気候変動・温暖化などの攪乱要因が人類のみならず動植物全体の安定性を脅かす時代に入りました。これらの要因によって攪乱された現在値と地球上の生体システムの安定性という理想の目標との「ずれ」を修正するために、硬直したシステムにこだわらずに可変的な「揺らぎ」を大切にしなければならない世紀なのです。自然の世界は、常に「揺らぎながら」安定性を自己保全してきました。環境世紀と言われる21世紀は、このようなシステム観念が必要です。

(5) 人間という生命体も同じです。どの人も、「健康」と「長生き」を目標値としています。そのためには、現在の食生活の改善とか生活態度の変更そして心身の鍛錬をしながら、健康と長命という目標に向けて日夜がんばっています。この改善と変更そして鍛錬は、その人々の目標値と現在値の誤差を修正する自己制御という可変性の表われです。こうしてシステムは、(a) 半分は環境に対して資料・エネルギー・情報をアウトプットし、(b) 半分は環境から資料・エネルギー・情報をインプットし、自己保全しているのです。

(6) 見方を変えると、法システムは、(a) から (b) への演繹プロセスと (b) から (a) への帰納プロセスという「回路システム」であるとも言えます。法システムの最終的な目的は、「正義」の実現ですが、もちろん、簡単に正義を実現することは困難です。法は、時代に応じて発生する多種多様な問題に対処し続けなければならないからです。その回路プロセスを考えます

と、次のようになります。

（7）①不文の法は→②法律（成文法）化されて→③違法事実に
適用されますが、違法事実は④社会的生活事態に内在する現象
ですから、社会的生活事態の変化や事態と法との間の深い乖離
などが反省されて→⑤新しい理念と価値を生み出し→それが⑥
当為と規範になり→また新しい①法となり→新しい②法律が誕
生し→ということを歴史的に繰り返します。①から④までが演
繹プロセスで、④から⑥までが帰納的プロセスとすれば、法は
永遠の演繹と帰納の「回路システム」だと言えるでしょう。

6. 自己訂正

（1）どのようなシステムも、このような自己訂正の可能性を
持っていなければ、死んでしまいます。そうでなければ、前述
のように、人間も生命を維持できません。このことは、精神面
でも同じです。オウム真理教の人々は、教祖の教理を信ずるだ
けで、自己訂正を忘れたのです。疑問・懐疑・反省・熟慮を駆
使して自己訂正を試みなかったので、自分というシステムを硬
直化させてカオスな精神状態にしてしまったのです。

（2）政治システムも同じです。第8話1.（4）、4-1.（1）でも
示した「目的的行為支配」説の提唱者であるハンス・ヴェルツ
ェル（Hans Welzel）というドイツの刑法学者は、法哲学者でも
ありましたが、議会制民主主義は、自己訂正の可能性がなけれ
ば維持できない、と言いました。ですから、自己訂正の可能性
のない専制的・独裁的な政治は、やがて硬直化して崩壊する運
命にあります。自己訂正の能力を失った政党政治も崩壊するで

しょう。しかし、古くから、「この国民にしてこの国家あり」と言われますように、政治家を選び出す国民自体に自己訂正の能力が欠ければ、専制的な政党政治はなくなりません。すなわち、国家というシステムの要素である構成員の国民自身が自己訂正の不断の努力をしなければならないのです。ちなみに、日本国憲法第12条は、「この憲法が国民に保障する自由及び権利は、国民の不断の努力によつて、これを保持しなければならない。」と明言しています。

　(3)　なお、システムが自己制御するためには、一定の目標値ないし規範・基準が必要ですが、規範に則して自己制御することが、規範による決定性を意味するのか、あるいは、規範に向けて自己決定する自由を意味するのかは、議論のある問題です。古代から続く決定論と自由意思論との対立の問題です。しかし、システムは、目標達成のために中間目標を自分で選択しなければなりませんので、この点からしますと、システムに主体性と自律性すなわち自由意思がなければならないと考えています。

　(4)　自由と言いましても、哲学者のカントが言うような「初発原因」としての全く無制約な絶対的な自由はあり得ません。このような自由意思論を「非決定論」と言うのであれば、非決定論は間違っています。われわれには、何らかの決定要因がなければ意思決定はできません。その意味では、自由意思論は決定論と両立可能です。人間も自然の一部ですから、自然法則から逃れることはできません。その意味では、どのようなシステムも決定要因を有しているのです。

7. 消極的フィードバックと積極的フィードバック

　(1) システムは、自己制御するために、目標値と現在値との誤差を攪乱情報として、自己修正のために自分に還元しなければなりませんが、この帰還という還元を「消極的フィードバック」と言います。つまり、変化が逆方向の変化を誘発するのです。この作用は、変量が一定水準を超えると、その量の減少を促し、一定水準を下回ると、その量の増大を促すのです。例えば、企業は、買手の需要に対して製品が不足すれば生産を増大させ、買手の受容に対して製品が多すぎると生産を縮小します。

　(2) これに対して、「積極的フィードバック」は、ある変量の増加がさらに増加を創り出すという「自己増幅的傾向」を示します。この作用が続きますと、システムは破裂して崩壊します。例えば、企業Aは、製品が売れれば生産を増大させ、それによって利潤が増大すれば、さらに設備投資をして生産を増大させるでしょう。国家の場合、A国の軍備が増大すれば、敵対国Bも軍備を増大しますから、A国はB国以上の軍備を増大させ、B国はさらに軍備を増大させます。このような一方的な増大傾向の行き着くところは明白です。企業Aも、世界システムもカオス（無秩序）なシステムになってしまいます。

　(3) したがって、時と場合によっては積極的フィードバックも必要でしょうけれども、それを消極的フィードバックによって調整する必要があります。つまり、両方のフィードバックを相互に繰り返す必要があります。国家が、ある一定の政治的な理念を実現するために、新しい法システムを形成する必要があ

るでしょうが、しかし、国民の人権保障と平等と福祉の実現の
ためには、現実の社会状況に応じて法システムの修正を図らな
ければなりません。そのための資料が国民の声という情報です。
こうして、コスモスな（秩序ある）システムを維持することがで
きるのです。

8.　開放システムと閉鎖システム

　（1）　システムは、環境との間で資料・エネルギー・情報を交
換していることが必要です。しかし他方、システムは、自分で
生起し生成するためには、「境界Grenze; boundary」すなわち
壁を作って環境から自分を遮断することも必要です。この意味
では、システムは、環境から閉じられたシステムすなわち「閉
鎖システム」でなければなりません。

　（2）　例えば、生体システムは、細胞膜という境界によって環
境から自分を遮断することによって初めて自立することができ
ました。ところが、細胞膜を持っている細菌と違ってウイルス
は、この「膜」という境界を持っていませんので、生き残るた
めには、境界を持っている他の動植物（宿主）の細胞の中に入り
込むしかないのです。われわれ人間には迷惑なことですが。社
会システムも法システムも、まず生起して生き残るためには、
自己を閉ざす必要があります。このように、自分で境界ないし
壁を創り出して環境との間を区切っているシステムを自己組織
的システムと言います。

　（3）　しかし、システムのすべてが、完全に環境から遮断され
たままでいるわけではないのです。確かに、細胞は、粘液や血

液などという内的環境によって外界との直接接触を防御しています。人間のような有機的な生体システムも、神経システム・血流システムなどの内的環境によって外的環境との直接的接触を緩和しています。

　(4) けれども、人間という統合体としての固体システムそのものは、自分の動的な定常性（安定性）を保全するために外的環境から栄養物とかエネルギー源を確保して自己保全を図っているのですから、物質（資料）とエネルギーと情報に関しては、外的環境に対して開かれていなければなりません。つまり、確かに、細胞膜は、DNA に保存された遺伝情報の拡散を防止し、エネルギーの消費によって情報を自分で創り出して維持しているために閉鎖システムであると言われますが、栄養補給のためには、システムは開放システムでなければならないのです。

　(5) 細胞学を専門とする南米チリの生物学者のウンベルト・マトゥラーナ（Humberto Maturana）とフランシスコ・バレーラ（Francisco Varela）が「**オートポイエーシス理論**」という閉鎖システム理論を提唱し、さらにその見解を社会システムに応用したドイツのニクラス・ルーマン（Niklas Luhmann）という社会学者の「**社会システム理論**」の研究から、閉鎖システム理論が脚光を浴びましたが、この自己生産的・自己準拠的・自己保全的な閉鎖システムの理論についての説明は、複雑なので省略します。概略は前掲拙著『システム思考と刑事法学』を見てください。

　(6) システム理論にとっては、情報は資料とエネルギーと並ぶ基本要素として重要です。第 1 話 2-3.(7)(8)(9)(10) でもお話ししたように、刑法においても情報窃盗が問題です。「すべ

ての構造は情報によって作られる」と言われるように、すべてのシステムは、主体的に目的活動をするためにも情報が必要です。この宇宙では、エネルギーという事実状態から物質と反物質が作られていると言われますが、反物質よりも物質が多く作られたのは、宇宙の膨張によって作られた情報によるのだと言われています。こうなりますと、資料とエネルギーは等価的であり、それを情報が作り出しているとさえ言えます。

9. エントロピーについて

（1）そこで、情報とエントロピーの関係を見ておきましょう。情報が増大すればエントロピーが減少し、システムがカオス状態からコスモス状態へと移行すると言われます。「**エントロピーの法則**」の第1法則は、閉鎖システム内部のエネルギーは、その形を変えてもその総量は変わらないということですし、第2法則は、閉鎖システム内部のエネルギーは、その形を変える度に使用不可能なエネルギーへと移行し、最終的には使用可能なエネルギーはなくなってしまうということです。

（2）人間の情報処理も、神経細胞の電流発生という物理的現象に担われているように、情報処理は、物理的エントロピーと無関係ではないわけです。生体システムは、確かに、多くの閉鎖的部分システムないし要素の構造的・機能的な相互的結合によって成り立っていて、外部的な環境から自分を遮断していますが、自分という固体システム自体が完全に閉じられていると、第2法則によるエントロピーは増大するばかりのシステムになり、完全な平衡状態つまりカオス状態になり、不可逆的な死に

至ります。このカオス状態の程度を表わす尺度をエントロピーと言うわけです。

（3）もっとも、人間のような生体システムは、このようなカオス（そして死）に至る「正のエントロピー」に対して、「負のエントロピー」を取り込むことによって秩序の回復を図り、熱力学的な平衡状態ではない定常性（安定性）を確保しています。この「負のエントロピー」の取り込みを可能にするのが、情報の収集なのです。したがって、情報の収集は、システムのカオスのなかに秩序を創造しますから、情報は、組織力を持っていますし、構造を作り出していると言えます。

（4）そうしますと、情報が増大すればエントロピーが減少してシステムがコスモス化しますから、システムは安定して生き残ることができます。したがって、人間も長生きするためには、エントロピーの増大を制御して減少させなければなりません。そのためにも、人間も企業も社会も、情報に関しては開放システムでなければならないわけです。

（5）法律は、望ましいあるべき態度の情報がコード化されたものです。英米法の国では、判例のなかにコード化されていると考えてよいでしょう。情報は、物資的なものであると同時に精神的なものでもあります。言葉という記号でコード化された法律は、物質的な情報ですが、これが認知されて人間という主体に内面化されて精神的なものになります。つまり、コードは、情報の内在と外在の媒体なのです。特に、以前から内在化している意味と表現の未分化な情報は精神的な情報です。

（6）内在的情報と外在的情報は、循環的な回路システムによって生成していきます。そして、より多くの情報を内面化すれ

ばするほど、主体システムの態度は秩序を増します。したがって、法的情報の豊かな社会は、秩序を増大させるはずですから、このことが法システムの信頼を増すことになりますし、法システム自身の安定化に結びつきます。このようにして、情報の増大は自己増殖システムを生成してきましたし、情報の増大こそが、進化と発展の起源だと言われるわけです。

　(7) 結局、人も社会も国家も世界も、そして法も経済も文化も、安定したコスモス状態（定常性）を保全するためには、一方的な積極的フィードバックを抑制し、エントロピーの増大を防ぎ、さまざまな情報をインプットしながら、回路的循環的な消極的フィードバックを駆使して、動態的・可変的に自己保全する努力が必要だということです。例えば、甘い物が好きだからと言って、他者の忠告（情報）に耳を貸さずに食べ続ければ、血糖値が上がり糖尿病になって健康を害して自滅に至ります。

　(8) 国家も、国民の声（情報）にも他国の声にも寛容でなければなりません。自己に謙虚になるということは、消極的フィードバックとエントロピーの減少を意味します。自国第一主義は、その逆の在り方です。そして、われわれ人間が安心して生きていくためにも、このような人間、社会間、国家間だけでなくて、そもそも、われわれが生きているこの地球に対して、もっと謙虚になるべきでしょう。われわれは、むしろ、自然によって生かされいるのですから。システム論は、そのことを指摘する理論と言えるでしょう。

参 考 文 献

【刑法関係】

浅田和茂『刑法総論（第 2 版）』成文堂、2019 年

浅田和茂『刑法各論』成文堂、2020 年

板倉宏『刑法総論（補訂版）』勁草書房、2007 年

板倉宏『刑法各論』勁草書房、2004 年

井田良『講義刑法学・総論（第 2 版）』有斐閣、2018 年

伊東研祐『刑法講義総論』日本評論社、2010 年

植松正『刑法概論 I 総論（再訂版）』勁草書房、1981 年

内田文昭『刑法 I（総論）（補正版）』青林書院、1997 年

大塚仁『刑法概説（総論）（第 4 版）』有斐閣、2008 年

大塚仁『刑法概説（各論）（第 3 版）』有斐閣、2005 年

大谷實『刑法講義総論（新版第 4 版）』成文堂、2012 年

大谷實『刑法講義各論（新版第 4 版）』成文堂、2013 年

岡野光雄『刑法要説総論（第 2 版）』成文堂、2009 年

小野清一郎『新訂刑法講義総論』有斐閣、1962 年

香川達夫『刑法講義（総論）（第 3 版）』成文堂、1995 年

川端博『刑法総論講義（第 3 版）』成文堂、2013 年

川端博『刑法各論講義（第 2 版）』成文堂、2010 年

木村亀二著、阿部純二増補『刑法総論（増補版）』有斐閣、1978 年

木村光江『刑法（第 3 版）』東京大学出版会、2010 年

草野豹一郎『刑法要論』有斐閣、1956 年

斎藤信治『刑法総論（第 6 版）』有斐閣、2008 年

斎藤信治『刑法各論（第 4 版）』有斐閣、2014 年

齊藤誠二『刑法講義各論 I（新訂版）』多賀出版、1979 年

佐伯千仞『刑法講義（総論）（4 訂版）』有斐閣、1981 年

荘子邦雄『刑法総論（第 3 版）』青林書院、1996 年

曽根威彦『刑法総論（第 4 版）』弘文堂、2008 年

曽根威彦『刑法各論（第 5 版）』弘文堂、2012 年

高橋則夫『刑法総論（第 4 版）』成文堂、2018 年

瀧川幸辰『犯罪論序説』有斐閣、1965 年

立石二六『刑法総論(第4版)』成文堂、2015年

団藤重光『刑法綱要総論(第3版)』創文社、1990年

団藤重光『刑法綱要各論(第3版)』創文社、1990年

内藤謙『刑法講義総論』有斐閣、(上)1983年、(中)1986年、(下Ⅰ)1991年、(下Ⅱ)2002年

中森喜彦『刑法各論(第3版)』有斐閣、2011年

中山研一『口述刑法総論(第3版)』成文堂、1994年

奈良俊夫『概説刑法総論(第3版)』芦書房、1998年

西田典之『刑法総論(第2版)』弘文堂、2010年

西田典之『刑法各論(第5版)』弘文堂、2010年

西原春夫『刑法総論』成文堂、(上改訂版)1993年、(下改訂準備版)1993年

野村稔『刑法総論(補訂版)』成文堂、1998年

林幹人『刑法総論(第2版)』東京大学出版会、2008年

林幹人『刑法各論(第2版)』東京大学出版会、2007年

平川宗信『刑法各論』有斐閣、1995年

平野龍一『刑法総論Ⅰ』有斐閣、1966年

平野龍一『刑法総論Ⅱ』有斐閣、1979年

平場安治『刑法総論講義』有信堂、1974年

福田平『全訂刑法総論(第5版)』有斐閣、2011年

福田平『全訂刑法各論』有斐閣、1996年

藤木英雄『刑法講義総論』(オンデマンド版)弘文堂、2003年

堀内捷三『刑法総論』有斐閣、2000年

堀内捷三『刑法各論』有斐閣、2003年

前田雅英『刑法総論講義(第7版)』東京大学出版会、2019年

前田雅英『刑法各論講義(第7版)』東京大学出版会、2020年

牧野英一『刑法総論(全訂版)』(オンデマンド版)有斐閣、2001年

町野朔『犯罪各論の現在』有斐閣、1996年

松宮孝明『刑法総論講義(第5版補訂版)』成文堂、2018年

神田宏・都築廣巳・野崎和義・松村格『刑法総論』ミネルヴァ書房、2003年

井田良・神田宏・武田誠・野崎和義・松村格『刑法各論』ミネルヴァ書房、2006年

松村格『日本刑法総論教科書（第1版）』八千代出版、2005年
松村格『日本刑法各論教科書（第2版）』八千代出版、2007年
山口厚『刑法総論（第3版）』有斐閣、2016年
山口厚『刑法各論（第2版）』有斐閣、2010年
宮本英脩『刑法大綱（第4版）』弘文堂、1935年
山中敬一『刑法総論（第3版）』成文堂、2015年
山中敬一『刑法各論（第3版）』成文堂、2015年

【全集・注釈書・判例解説】
阿部純二他編『刑法基本講座』法学書院、1992〜1994年
大塚仁・河上和雄・佐藤文哉編『大コンメンタール刑法』青林書院、
　1988〜1992年
大塚仁・川端博編『新・判例コンメンタール刑法』三省堂、1996〜
　1998年
団藤重光編『注釈刑法』有斐閣、1964〜1976年
西原春夫・宮澤浩一・阿部純二他編『判例刑法研究』有斐閣、1980
　〜1983年
山口厚・佐伯仁志編『刑法判例百選Ⅰ総論（第7版）』（別冊ジュリス
　ト）、2014年
山口厚・佐伯仁志編『刑法判例百選Ⅱ各論（第7版）』（別冊ジュリス
　ト）、2014年

【システム理論関係】
青井和夫・綿貫譲治・大橋幸『集団・組織・リーダーシップ　今日
　の社会心理学』培風館、1962年
新睦人・中野秀一郎『社会システムの考え方—人間社会の知的設計
　—』有斐閣、1982年
伊藤重行『システム哲学序説』勁草書房、1988年
今田高俊・鈴木正仁・黒石晋編著『複雑系を考える—自己組織性と
　はなにか—』ミネルヴァ書房、2001年
N.ウィーナー著、池原止戈夫・弥永昌吉・室賀三郎・戸田巌訳『サ
　イバネティックス—動物と機械における制御と通信—（第2版）』
　岩波書店、1962年

N. ウィーナー著、池原止戈夫訳『人間機械論—サイバネティックスと社会—』みすず書房、1972 年

T. エックホフ・N. K. ズンドビー著、都築廣巳・野崎和義・服部高宏・松村格訳『法システム—法理論へのアプローチ—』ミネルヴァ書房、1997 年

神宮英夫『スキルの認知心理学—行動のプログラムを考える—』川島書店、1993 年

河本英夫『オートポイエシース—第三世代システム—』青土社、1995 年

河本英夫『オートポイエーシスの拡張』青土社、2000 年

北原貞輔『システム科学入門—社会科学の発展のために—』有斐閣、1989 年

G. クニール・A. ナセヒ著、舘野受男・池田貞夫・野崎和義訳『ルーマン社会システム理論』新泉社、1995 年

F. v. クーベ著、柴山幸治監訳『サイバネティックス入門』創元社、1970 年

公文俊平『社会システム論—社会科学総合化の試み—』日本経済新聞社、1978 年

小泉英明『脳科学の真贋—神経神話を斬る科学の眼—』日刊工業新聞社、2011 年

小林道憲『生命と宇宙—21 世紀のパラダイム—』ミネルヴァ書房、1996 年

坂本百大『人間機械論の哲学—心身問題と自由のゆくえ—』勁草書房、1980 年

品川嘉也『意識と脳—精神と物質の科学哲学—』紀伊國屋書店、1982 年

ディル・H・シャンク、バリー・J・ジマーマン編著、塚野州一編訳『自己調整学習と動機づけ』北大路書房、2009 年

末永俊郎編『講座社会心理学・2 集団行動』東京大学出版会、1978 年

杉本大一郎『エントロピー入門』中公新書、1986 年

武田修三郎『エントロピーからの発想』講談社現代新書、1985 年

富永健一『行為と社会システムの理論—構造‐機能‐変動理論をめ

ざして―』東京大学出版会、1995 年

中山剛史・坂上雅道編著『脳科学と哲学の出会い―脳・生命・心
　―』玉川大学出版部、2008 年

新田俊三編『社会システム論』日本評論社、1991 年

Ｔ．パーソンズ著、倉田和四生編訳『社会システムの構造と変化』
　創文社、1985 年

Ｗ．バックレイ著、新睦人・中野秀一郎訳『一般社会システム論』
　誠信書房、1980 年

L. v. ベルタランフィ著、長野敬・太田邦昌訳『一般システム理論―
　その基礎・発展・応用―』みすず書房、1974 年

ベンジャミン・リベット著、下條信輔訳『マインド・タイム―脳と
　意識の時間―』岩波書店、2005 年

H. R. マトゥラナ・F. J. ヴァレラ著、河本英夫訳『オートポイエシ
　ス―生命システムとはなにか―』国文社、1991 年

松井孝典『いま何が問われているのか―宇宙の歴史に学ぶ―』朝日
　新聞（1994 年 3 月 20 日）

松井孝典『地球システムの崩壊』新潮選書、2007 年

松田毅編著『部分と全体の哲学』春秋社、2014 年

松村格『システム思考と刑事法学―21 世紀刑法学の視座―』八千代
　出版、2010 年

村田晴夫『情報とシステムの哲学―現代批判の視点―』文眞堂、
　1990 年

室井尚・吉岡洋『情報と生命―脳・コンピュータ・宇宙―』新曜社、
　1993 年

E. モラン著、古田幸男・中村典子訳『複雑性とはなにか』国文社、
　1993 年

J. Z. ヤング著、河内十郎・東條正城訳『哲学と脳』紀伊國屋書店、
　1992 年

山下和也『オートポイエーシス論入門』ミネルヴァ書房、2010 年

山下和也『オートポイエーシスの世界―新しい世界の見方―』近代
　文芸社、2004 年

養老孟司『唯脳論』青土社、1994 年

アーヴィン・ラズロー著、伊藤重行訳『システム哲学入門』紀伊國

　屋書店、1980 年

渡瀬浩『組織と人間』同文館出版、1983 年

ジェレミー・リフキン著、竹内均訳『エントロピーの法則　21 世紀
　文明観の基礎』祥伝社、1983 年

J-F. ルニ著、寺内礼監訳『認知科学と言語理解』勁草書房、1992 年

ニクラス・ルーマン著、沢谷豊・関口光春・長谷川幸一訳『公式組
　織の機能とその派生的問題（上巻）』新泉社、1992 年

N. ルーマン著、土方昭監訳『法と社会システム―社会学的啓蒙―』
　新泉社、1983 年

事 項 索 引

ア 行

暴れ馬事件	105
安楽死	87
意思（決定）の自由	93
遺失物横領罪	7
意思連絡	65, 123
一部露出説	22
1厘事件	74
移転性	10
違法	69
違法性	72
——の過失説	101
——の錯誤	55, 99
違法性阻却事由	73
違法阻却身分	132
因果関係	63-64
——の錯誤	55
インフォームド・コンセント	89
嬰児殺	22
エントロピー	176
オートポイエーシス理論	174
恩赦	156
恩赦による復権	157

カ 行

概括的故意	51
開放システム	174
確信犯	101
確定的故意	51
科刑上1罪	135, 140

加減的身分と共犯	131
過失の共同正犯	123
過失犯	47
火事場どろぼう	8
加重主義	142
過剰防衛	76, 80
可罰的違法性	74
仮釈放	154
仮出場	155
科料	7
過料	26, 147
換刑処分	150
間接正犯	117
——と共犯の錯誤	128
間接正犯モデル説	98
間接的安楽死	88
観念形象	42
観念的競合	140
管理可能性説	9
危険犯	48
既遂	13
規制的機能	33
偽装心中	85
起訴状	73
期待可能性	106
規範	29, 71
規範的責任論	93
客体の錯誤	55, 126
客体の不能	110
客観的危険説	111
客観的帰属論	64

吸収主義	142	継受法	29
急迫性	77	継続犯	49
狭義の共犯	114	刑の時効	156
狭義の特別刑法	26	刑の執行猶予	154
狭義の保安処分	158	刑罰阻却身分	132
狭義の包括的1罪	139	刑罰の種類	147
行刑	154	刑罰の適用	151
教唆犯	115	刑罰の本質	145
行政刑法	26	刑罰の免除	153
行政犯	26	刑法	33
共同意思主体	118	刑法各論	31
共同正犯	117	刑法総則	3
共犯	113	刑法総論	32
――からの離脱	124	刑法典	2, 25
――と身分	129	激情犯	101
――の過剰	127	結果行為説	98
――範囲	130	結果的加重犯と錯誤	128
共犯従属性説	114, 116	結果犯	49
共犯独立性説	116	結果標準説	137
共謀共同正犯	118	結合犯	138
業務上過失	51	決定論	94
挙動犯	49	原因行為説	98
規律的機能	33	原因において自由な行為	98
緊急避難	81	厳格故意犯説	100
禁錮刑	4, 147	厳格責任説	101
禁止規範	29	限定責任能力者	97
禁止の錯誤	55, 99	牽連犯	140
偶然防衛	79	故意	42, 52
具体的危険説	111	――と過失	51
具体的危険犯	48	故意犯	47
具体的事実の錯誤	55, 126	行為＝責任同時存在の原則	97
傾向犯	44	行為支配説	121
刑事責任年齢	96	行為標準説	136
刑事犯	26	広義の特別刑法	26

広義の保安処分	158
行使	44
強取	19
構成的身分と共犯	130
構成要件該当性	41
構成要件的錯誤	55
構成要件標準説	137
公訴	73
——の時効	156
個人的法益	34
誤想防衛	80
国家的法益	34

サ　行

罪刑専断主義	37
罪刑法定主義	37
最小限度必要性の原則	84
罪数論	135
再犯	152
財物	11
罪名従属性	119-120
裁量的減軽主義	14, 109
作為義務	59
作為犯	47, 57
錯誤	54
——の解決策	56
——の態様	54
三徴候説	23
自救行為	36
死刑	148
死刑存置論	149
死刑廃止論	148
時効	155
——の中断	156

事後強盗罪	19
自己組織的システム	173
自己訂正	170
事実認識説	100
自首	152
自招危難	84
自招防衛	80
システム思考	161
自然人	20
自然犯	26
自然犯・法定犯区別説	100
実行未遂	108
実在的競合	142
実質的違法性	72
質的違法性	70
質的過剰	80
質的従属性	116
支配的見解	12
自白	153
社会科学	12
社会システム理論	174
社会的関係	46
社会的法益	34
自由刑	145
集合犯	138
従属予備罪	108
従犯	115
終了未遂	108
主観的超過要素	43
主観的要素	43
主刑	147
受刑能力	21
主体	20
——の不能	111

取得説	13
障害未遂	14, 108
消極的安楽死	87
消極的身分	50
——と共犯	132
承継的共同正犯	123
条件説	64
条件付故意	51
条件付特赦主義	154
条件付有罪判決主義	154
常習犯	101, 152
状態犯	49
承諾	5, 75, 85
所持説	35
処分	94
所有権説	34
侵害犯	48
信義誠実の原則	61
人権保障	33, 36
親告罪	16
心神耗弱者	97
心神喪失者	96
真正不作為犯	58
真正身分犯	50
陣痛説	22
心理学的要素	97
心理的表出	45
数故意犯説	57
制限故意説	101
制限責任説	102
正当業務行為	75
正当行為	75
正当防衛	76
正犯	114

生物学的要素	97
成文法	28
責任	91
責任原則（原理）	92
責任阻却事由	95
責任阻却身分	132
責任遡及モデル説	98
責任能力	96
責任無能力	96
積極的安楽死	88
積極的フィードバック	172
接続犯	138
絶対的不能・相対的不能説	111
窃盗	4
——の機会	19
先行行為	60
専断的治療行為	88
全脳死説	24
全部露出説	22
全面的脳死説	24
占有説	35
占有離脱物	6
相当因果関係説	66
即成犯	49
尊厳死	87

タ 行

対向犯	113
大赦	157
大脳死説	24
択一的競合	66
択一的故意	51
他行為の可能性	93
多衆犯	113

他人性　　　　　　　　　　4-5
たぬき・むじな事件　　　　103
タリオ　　　　　　　　145-146
単純1罪　　　　　　　　　138
秩序維持　　　　　　　　　33
秩序罰　　　　　　　　　　26
着手　　　　　　　　　　　14
着手未遂　　　　　　　　　108
中止未遂　　　　　　　14, 108
抽象的危険犯　　　　　　　48
抽象的事実の錯誤　　　　55, 127
懲役刑　　　　　　　　　4, 147
重畳的因果関係　　　　　　66
挑発防衛　　　　　　　　　80
直接正犯　　　　　　　　　117
治療行為　　　　　　　　　75
追徴　　　　　　　　　　　150
通説　　　　　　　　　　12, 43
つり銭詐欺　　　　　　　　61
同意　　　　　　　　5, 75, 85-86
　　──は違法を作らず　　85
同害報復　　　　　　　145-146
道具理論　　　　　　　　　98
同時犯　　　　　　　　　　117
特赦　　　　　　　　　　　157
特別関係　　　　　　　　　139
特別刑法　　　　　　　　　26
独立呼吸説　　　　　　　　22
独立生存（生続）可能性説　23
独立予備罪　　　　　　　　108

ナ　行

日本銀行券　　　　　　　　44
任意性　　　　　　　　　　109

任意的共犯　　　　　　　　114
認識・認容　　　　　　　　52
認識ある過失　　　　　　　53
認識なき過失　　　　　　　52
脳幹　　　　　　　　　　　24
脳幹死説　　　　　　　　　24
脳死説　　　　　　　　　　23

ハ　行

罰金　　　　　　　　　　　7
犯意標準説　　　　　　　　136
判例　　　　　　　　　　　43
判例拘束力　　　　　　　　18
判例法　　　　　　　　　　28
必要的共犯　　　　　　　　113
必要的減免主義　　　　15, 109
人　　　　　　　　　　　　20
　　──の始期　　　　　　23
　　──の終期　　　　　　23
非難（可能性）　　　　　　93
表現犯　　　　　　　　　　46
不確定的故意　　　　　　　51
付加刑　　　　　　　　147, 150
不可罰の事後行為　　　49, 137
不作為と共犯　　　　　　　133
不作為犯　　　　　　　47, 57-58
不真正不作為犯　　　　　　59
不真正身分犯　　　　　　　50
普通刑法　　　　　　　　2, 26
復権　　　　　　　　　　　157
物色行為説　　　　　　　　15
不動産侵奪罪　　　　　　　12
不能未遂　　　　　　　　　110
部分的脳死説　　　　　　　24

不文法	29	保護法益	13, 34
不法	69	補充関係	139
不法領得の意思	17	補充性の原則	84
分化	163, 165	保証者	59
平穏な所持説	35	没収	150
平穏な占有	36	本権説	34
併科主義	142	本来的1罪	135, 138
併合罪	142		

マ 行

閉鎖システム	174		
片面的共犯	123	未遂	14
保安処分	157	未必の故意	51-53
法	28	身分犯	50
──の歴史性	13	むささび・もま事件	102
防衛の意思	79	明確性の原理	37
法益	78	命令規範	29
法益衡量	82	メレオロギー	167
法益標準説	136	目的	43
法益保護	33	目的犯	44
法確証の原理	77	物	8
包括的1罪	138		

ヤ 行

法条競合	138-139		
幇助犯	115	有体性説	9
法人	21	有体物	8
法定犯	26		

ラ 行

方法	47		
──の錯誤	55, 126	量的違法性	70
──の不能	110	量的過剰	80
法律	28	量的従属性	116
法律上の復権	157	両罰規定	21
法令	59	類推解釈	9, 38
法令行為	75	累積的因果関係	66
保護責任者遺棄罪	58	累犯	152
保護責任者不保護罪	58		

【著者紹介】

松村　格（まつむら　いたる）
1943 年　台北生
1974 年　中央大学大学院法学研究科（刑事法専攻）博士課程修了
同　　年　駒澤大学法学部専任講師を経て助教授・教授・大学院教授
この間、中央大学法学部兼任講師／同大学院兼任講師／東京家庭裁判所調停委
　　員を歴任／ドイツ・ミュンヘン大学に 3 度留学
1997 年　弁護士登録
2014 年　駒澤大学定年退職
現　　在　駒澤大学名誉教授・博士（法学）・弁護士
主要単著
　　『刑法学方法論の研究―存在論からシステム論へ―』（博士論文）八千代出
　　　版 1991 年
　　『日本刑法総論教科書』八千代出版 2005 年
　　『日本刑法各論教科書』（第 2 版）八千代出版 2007 年
　　『刑法学への誘い』（全訂版）八千代出版 2012 年
　　『システム思考と刑事法学―21 世紀刑法学の視座―』八千代出版 2010 年
　　『自由意思と刑事責任―脳科学を顧みて―』八千代出版 2017 年

刑法学への誘い［全訂新版］

2020 年 10 月 12 日　第 1 版 1 刷発行

　著　者 ― 松村　格
　発行者 ― 森口恵美子
　印刷所 ― 新灯印刷（株）
　製本所 ― （株）グリーン
　発行所 ― 八千代出版株式会社
　　　　　〒101
　　　　　-0061　東京都千代田区神田三崎町 2-2-13
　　　　　TEL　03-3262-0420
　　　　　FAX　03-3237-0723
　　　　＊定価はカバーに表示してあります。
　　　　＊落丁・乱丁本はお取替えいたします。

ISBN 978-4-8429-1785-6　　　©2020 Itaru Matsumura